마지막 선비

최익현

나남
nanam

나남신서 1870

마지막 선비 최익현

2016년 5월 18일 발행
2017년 11월 5일 3쇄

지은이   이승하
발행자   趙相浩
발행처   (주) 나남
주소   10881 경기도 파주시 회동길 193
전화   (031) 955-4601(代)
FAX   (031) 955-4555
등록   제 1-71호(1979.5.12)
홈페이지   http://www.nanam.net
전자우편   post@nanam.net

ISBN 978-89-300-8870-1
ISBN 978-89-300-8655-4 (세트)

책값은 뒤표지에 있습니다.

나남신서 1870

마지막 선비
최익현

이승하 지음

고지식한 인물 최익현을 위한
한 시인의 변론

지금까지 최익현崔益鉉은 어떤 위인전집에도 실린 적이 없다. 100권짜리 전집물이라 할지라도 최익현 편은 없었다. 나는 이 책의 원고를 들고 여러 출판사에 찾아가 출간을 타진하였다. 그러나 번번이 거절당했다.

최익현은 존경받을 만한 위인이 아니라는 것이 가장 큰 이유였다. 19세기에 우리나라가 서양 문물을 받아들여 개화에 적극 나섰다 하더라도 일본에 50년 이상 뒤처진 게 사실이었다. 최익현은 대단히 보수적인 위정척사파爲政斥邪派의 대표 격으로, 근대화에 방해가 된 인물이라는 평가를 받고 있었다.

그런 이유에 대해 부인할 수는 없었지만 내가 최익현에게 주목한 것은 그의 인간적인 면모 때문이었다. 그의 한결같음과 고지식함이 내 마음을 끌어당겼다. 우리는 아침저녁으로 생각이 바뀌는 변덕스러운 존재이지만 최익현은 그렇지 않았다.

한 사람이 생애 내내 단 한 번도 손바닥 뒤집는 일을 하지 않는 것은 쉬운 일이 아니다. 20대에 숨지면서 하늘 우러러 한 점 부끄러움이 없었다고 말할 수는 있어도, 70대에 눈을 감으면서 하늘 우러러 부끄러움이 없기란 쉽지 않다. 최익현은 내게 가르쳐 주었다. 초지일관初志一貫이란 말의 뜻을!

두 번째 이유는 그의 생애 자체에 극적인 요소가 없다는 점이었다. 말년의 의병義兵 봉기는 의로운 일이긴 했으나 제대로 된 전투를 한 것도 아니었고, 두 차례 귀양이 그의 생애에 새겨진 굴곡의 전부였다. 대원군을 권좌에서 끌어내리는 역할도 하기는 했지만 장기간 투옥된 적도, 큰 사건의 주동자가 된 적도 없었다. 즉, 책으로 엮을 만큼 흥미롭거나 호기심을 자극할 만한 사건을 도모한 적이 없는, 그야말로 평범한 일생을 산 인물이라는 점이 거부의 이유였다.

그런데 내가 보기에 최익현의 생애에서 가장 재미있는 부분은 고종高宗과의 관계였고, 그 다음은 상소문 내용이었다. 임금과 신하가 역사의 변혁기에 장장 50년에 걸쳐 상소문上疏文을 올리고 답서答書를 받으며 애증愛憎의 세월을 쌓아 간 관계의 미묘함이 대단히 흥미로웠다.

역대 어느 왕과 신하가 이렇게 긴 세월에 걸쳐 상소문과 답서를 통해 관계를 이어 갔던가. 그냥 편지도 아니고 임금의 잘못을 추궁하는 상소문을 줄기차게 쓴 최익현이 지닌 한결같음과 고지식함은 우리나라는 물론 외국의 어떤 사례에서도 찾아볼 수 없었다.

최익현이 역사적으로 중요한 인물이 아니라는 의견도 있었다. 이것도 맞는 말일지 모른다.

1833년부터 1906년까지의 드라마틱한 한국 근대사 전개과정에서, 특히 위정척사파와 개화파開化派 간 뚜렷한 사상 대립의 와중에서 최익현은 시종일관 위정척사파 편에 섰다. 그런 그의 사상이 비록 '보수'라고 비판을 받을지언정 무시되어서는 안 된다고 생각한다.

수십 종의 전기로 재탄생한 유관순이나 안중근 같은 인물은 너무나도 짧은 생을 살다 갔기에 작가의 상상력이 얼마든지 끼어들 수 있다. 그런 분들에 비해 최익현의 생애는 추적이 가능하므로 상상력이 끼어들 자리가 없다. 최익현은 역사의 현장에서 언제나 글로써 자기주장을 폈던 인물이다. 그의 언행은 글로 기록되어 분명하게 남아 있다.

조선조 양반들은 어찌 보면 실생활에 필요 없는 공리공론을 일삼거나, 또 어떤 면에서는 옛것을 고집스럽게 숭상했던 사람으로 보인다. 최익현은 누가 봐도 후자의 대표 주자였다. 대원군의 몰락, 단발령, 대마도에서의 단식이 그를 유명하게 만들었다.

그러나 그보다 중요한 것은 그가 늘 힘없는 백성들 편에 선 양반이었다는 사실이다. 또한 수신제가修身齊家 치국평천하治國平天下와 우국충절이라는 유학儒學의 정신을 끝까지 지킨 사람으로도 기억되어야 한다.

또 하나의 지적은 최익현을 미화했으니 그를 비판하는 내용도 있어야지 균형 잡힌 내용이 되지 않겠느냐는 것이었다. 솔직히 고백하건대 미화한 내용은 없다. 그러나 인간 최익현에 대해 비판하는 내용이 빠졌다는 지적은 피하기 힘들 것 같다.

조선의 건국이념이기도 한 유학의 국가관 혹은 성리학적 질서를 지켜 나가려고 했다는 비판에서 최익현은 자유로울 수 없을 것이다. 조금은 심약한 임금인 고종을 줄곧 일깨우면서 일본의 침략에 나름대로 맞서 싸운 최익현이었지만 낡은 사상, 낡은 질서, 낡은 왕조를 지키려고 한 것은 틀림없이 그의 한계였다.

하지만 그가 받은 유교 교육과 스승 이항로李恒老의 가르침대로라면 외세의 침탈에 맞서기 위해서는 정신무장을 해야 하는

데, 서학西學을 받아들이기로 마음먹지 않은 이상 자연히 성리학적 질서에 의존할 수밖에 없었다. 해외유학파가 아닌 국내파로서 어찌할 수 없는 한계가 아니었을까.

아무튼 내게는 최익현이 위정척사파의 거두, 또는 단식투쟁 끝에 대마도에서 순국한 의병장이었다는 사실은 중요하지 않았다.

"내 목을 자를지언정 상투를 자를 수는 없다!"

이렇게 외친 그 시대착오적인 말이 중요한 것도 아니었다.

사람이라면 바람이 불면 흔들릴 수 있는데, 특히 지식인이라면 '권력과 영광' 앞에서 초심을 잃어버릴 수 있는데, 최익현은 아무리 자료를 찾아봐도 변심이나 변절은커녕 자신의 굳은 신념에 대해 의심하거나 회의하지 않고 한결같이 고지식하게 '우국충절'의 정신을 지켰다. 그의 마음이 오직 하나였듯, 그에게 나라와 백성과 임금도 하나였다.

우리 역사에 이런 인물은 한용운韓龍雲 정도가 있다. 그런데 한용운에 대해서는 수많은 국문학자들이 연구했지만 최익현은 역사학자들에게서도 외면을 받아 온 존재다. 역사에 문외한인 내가 그를 주인공으로 전기를 쓰는 것은 주제넘은 일인지도 모른다. 역사학자가 아니므로 역사적 사건에 대한 이해 부족으로 오류도 꽤 있을 것이다.

문학적 상상력을 발휘해 달라는 편집자의 주문에도 불구하고 소설적인 구성이 아닌 전기傳記 내지는 평전評傳의 형식을 취한 것은, 최익현의 사람됨을 사실 그대로 알려야겠다는 내 의지의 소산이다. 아무쪼록 이 책을 읽는 독자가 오류를 바로잡아 가면서 읽어 준다면 더없이 고맙겠다.

이 책에는 상소문이 자주 나온다. 현대를 사는 우리네 관점에서는 상소문에 드러난 최익현 선생의 생각이나 사상이 고지식해서 답답할지도 모른다. 자신과 의견이 다른 이들을 벌주어야 한다는 그의 외고집 주장에는 선뜻 동의하기가 어려울 때도 있을 것이다. 하지만 흔들림 없는 애국심과 백성을 위해 헌신하려는 마음은 현대를 살아가는 우리가 가슴 깊이 새길 만한 덕목이다.

일본 정치인들은 지난 십수 년간 독도獨島에 관한 망언을 수시로 해왔다. 역사조차 왜곡하여 자국에 유리하게 고치거나 숨겨 버리는 일본인들도 있다. 전범戰犯들의 위패가 봉안된 야스쿠니 신사神社에 일본 정치인들이 수시로 몰려가 참배함으로써 군국주의화, 우경화의 우려를 자아내더니 마침내 자위대법自衛隊法을 고쳐 해외 파병을 가능하게 했다.

도쿄 시내 한복판에 있는 야스쿠니 신사는 일본이 일으킨 침략 전쟁에서 숨진 사람들을 '신'으로 모셔 제사를 지내는 곳이

다. 도조 히데키東條英機 육군대신 등 태평양전쟁 A급 전범 14
명이 합사合祀되어 있다. 한국과 중국은 A급 전범들이 합사된
야스쿠니 신사에 일본 각료들이 참배하는 것은 침략전쟁을 합
리화하고 과거를 미화하는 행위라고 항의해 왔다. 일본군 종
군 위안부 할머니들을 떠올리면 분통이 터져 가슴을 쾅쾅 치고
싶어진다.

신상에 난감한 일이 일어난 것을 계기로 최익현을 연구하며
시름을 달래기로 결심한 것이 2007년 여름방학 끝 무렵이었
다. 하지만 바로 집필에 들어가지 않고 한국 근대사 공부를 하
면서 세월을 보냈다. 국역 《면암집》과 황현의 《매천야록》이
없었더라면 이 책은 나오기 힘들었을 것이다. 한국 근대사 공
부를 시작한 지 만 9년 만에 책을 내니 감회가 새로워 눈시울이
뜨거워진다.

이 책을 읽으며 눈물 흘리는 이는 아무도 없겠지만 저자인
나는 글을 쓰면서 여러 번 흐느껴 울었다. 이 땅에서 살다 간
윗세대 사람들이 너무나 가엾어서였다. 역사의 어느 갈피에서
도 가난한 백성들은 줄기차게 빼앗기고, 무지한 백성들은 수
도 없이 당하고 억울해 하고⋯. 아, 열강의 한반도 착취는 과
연 끝난 것일까?

누군가가 "우리나라 위인들 중 가장 존경하는 사람이 누굽니

까?"라고 묻는다면 나는 망설임 없이 "최익현 선생입니다"라고 답할 것이다. 최익현이 보수 진영의 고리타분한 인물이었다고 하여 그를 무시해서는 안 된다. 나라는 빼앗겼지만 목에 칼이 들어와도 민족정신만은 잃지 않았던 선생의 대쪽 같은 기상을 자랑스러워해야 할 것이다.

'역사 속의 보수 꼴통'인 최익현을 책으로 만들면 누가 사보 겠냐며 계속 퇴짜 맞은 원고를 거두어 주신 나남출판사의 언론 의병장 조상호 대표님과 고승철 사장님의 후의에 깊이 감사드 린다. 사진 자료를 구하는 여행길에 동행해 준 하린 시인에게 도 고맙다는 인사를 전한다. 대학생이 된 아들 주형이 이 책을 읽어 주기를 바란다.

2016년 봄에
이 승 하

마지막 선비
최익현

차례

대마도에서 크게 실망하다

부웅 … 부웅 ….

　뱃고동이 울리자 여객선이 꿈틀거렸다. 우리 일행은 다들 모이를 기다리는 병아리 떼처럼 갑판에 매달렸다. 스마트폰을 일제히 꺼내 들고는 부산항이 더 멀어지기 전에 카메라 셔터를 눌러 댔다. 날씨는 쾌청하고 바닷바람은 신선하기 이를 데 없었다. 심호흡을 하자 마음도 풍선처럼 부풀어 올랐다.

　부웅 … 부웅 … 부우웅 ….

　두어 번 더 뱃고동이 울리자 여객선은 이제 그만 좀 보채라는 듯 몸을 뒤틀었다. 뱃머리의 방향을 먼 바다 쪽으로 돌렸다. 배는 바닷물을 헤치고 앞으로 나아가기 시작했다. 부산항이 금세 작아졌다. 빌딩들이 책 모양이 되더니 어느 순간 CD 케이스 모양이 되었다. 도시가 손바닥만 해지자 우리는 사진 찍는 일을 그만하고 선실로 내려갔다.

우리 일행은 모두 문인이었다. 벌써 십수 년째 2주에 한 번씩 서울 성북구 동선동 1가에 있는 출판사 사무실에 모여 '동서양 고전읽기' 공부를 해왔다.

"죽어라 공부만 할 게 아니라 머리도 좀 식힙시다."

《세계문학관 기행》이라는 책을 낸 소설가 김용만 씨가 여행을 제안했다. 나는 '이때다' 하고는 가까운 일본, 더욱 가까운 대마도, 2박 3일, 저렴한 여행경비 등을 여행사 직원처럼 우리 팀에게 열심히 설명했다. 혼자서라도 가보고 싶어 인터넷으로 여행상품을 살펴보던 참이었다. 어디어디를 가볼 수 있고, 무엇을 먹을 수 있다는 둥 나는 신바람이 나서 주워섬겼다. 날짜가 정해졌다.

고전읽기 공부 팀 멤버 20명 남짓 중 여행이 가능한 사람을 꼽아 보니 14명이었다. 여행 준비는 일사천리로 진행되었다. 2012년 2월 3일 새벽 서울역에서 KTX 출발, 늦은 아침 부산항 출발. 이제 1시간 반만 기다리면 우리는 이즈하라 항구에 도착할 것이다. 정말 벼르고 벼른 대마도 여행이었다.

최익현 선생이 숨을 거둔 곳. 일본 땅에서 난 쌀로 지은 밥,

일본 땅에서 난 야채로 만든 반찬을 먹지 않겠다고 단식투쟁에 들어간 고집불통 늙은이. 일본의 우물에서 길어 온 물을 마실 수 없다고 뻗대다가 비가 오자 빗물을 받아 마신 천하에 둘도 없는 옹고집쟁이.

최익현은 내게 '위인偉人'이 아니라 '기인奇人'이었다. 그는 시대와 불화했고, 왕과 왕권과 왕조와 불화했다. 말을 도무지 들어 주지 않는 고종에게 줄기차게 상소문을 썼다가 1년 반 동안 제주도 귀양살이를 했고, 흑산도에서 다시 3년 동안 귀양살이를 했다.

우리 일행은 여행 이틀째 수선사修善寺라는 사찰을 찾아갔다. 나가사키長崎 현 쓰시마對馬 시에 있는 수선사는 최익현 선생이 순국한 후 부산으로 시신을 운구하기까지 영구靈柩와 혼백상자를 안치했던 곳이다. 백제의 비구니가 지었다고 알려져서 그랬을까. 일본인 주지는 1906년 11월 18일부터 20일까지 밤이나 낮이나 목탁을 두드리며 조선인 독립운동가의 극락왕생을 기원했다.

하지만 아주 오랫동안, 대마도 어디에도 선생의 흔적은 남아 있지 않았다. 한국면암학회 회원이 주축이 되어 뜻을 모았다. 1986년 8월 어느 날 수선사 묘원에 비를 하나 세운 것이다. 사람 키보다 조금 큰 '大韓人 崔益鉉 先生 殉國之碑'라는 금색 글씨를 새긴 3단의 비석. 이것이 대마도에 남겨진 면암 선생 흔적의 전부였다. 이 비석 하나를 보겠다고 그렇게 큰 기대를 하다니 ….

허망하였다. 면암이 1906년 7월 8일 대마도에 당도하여 11월 18일에 숨을 거뒀으니 그다지 길지 않은 4개월 10일 동안 머문 곳이었다. 110년이 지나도록 우리조차도 이곳에다 이런 껑충한 비 하나밖에 세우지 못했으니 마음이 무거워져 왔다. 일행 중 몇 사람이 비 앞에 나란히 섰다. 착잡한 마음으로 말없이 기념사진만 찍었다.

가슴에서 뜨거운 감자덩어리 같은 것이 솟구쳤다. 최익현 선생이 이곳 대마도에서 순국한 것을 일본이 기릴 이유는 없다. 그러나 우리는 최익현 선생이 130일 동안 이 섬 어디에서 거처했는지 모른다. 일본군 위수영衛戍營 경비대 내의 감방에서 지냈다고 하는데 그곳이 어디인지 알 길이 없다. 1906년 11월 17일 오전 인시寅時에 감방 안에서 별세했다는데 그 장소에다 작은 표석이라도 하나 세울 수 있다면 얼마나 좋을까.

착잡한 마음으로 수선사를 떠났다. 그날 나는 술을 왕창 마셨다. 막걸리도 소주도 아닌 맥주를. 사케는 마시고 싶지 않았다. 공연한 고집이었다. 최익현 선생이야말로 공연한 고집을 피웠다. 바보 같은 영감 최익현이 뭐가 대단한 인물이라고 이

왼쪽부터 박미산 시인, 구광모 교수, 필자, 김용만 소설가, 방민호 교수,
최동호 교수, 최진자 시인

곳까지 와서 내가 분노에 떨며 술을 마시고 있는가. 분노한들
무엇이 달라지겠는가. 마셔도 분이 삭지 않아 술이 술술 잘도
넘어갔다. 혀가 꼬일 때까지 맥주를 마셨으니 많이 마신 셈이
다. 일행 중 누구도 내가 왜 평소와 달리 술을 그렇게 마셔 댔
는지 몰랐을 것이다.

　바보 같은 영감. 곡기 끊는다고 누가 알아주기나 해? 물도
빗물을 마셔? (부산에서 서둘러 가져온 쌀과 찬거리로 밥을 지어
올리자 비로소 식사를 했다.) 그건 옹고집이 아니라 똥고집이지.

대원군과 싸우고 민비와 싸우고 고종과 싸우고 ⋯ . 그렇게 한평생을 싸웠지. 일본과 싸우고 서구 열강과 싸우고. 붓끝으로 싸우다 도저히 안 되니까 의병을 일으켰지. 초장에 질 걸 뻔히 알면서도 그 방법밖에 없다는 이유로. 그 거사로 말미암아 죽게 될 것을 잘 알면서도. 최씨 고집이 과연 그런 거란 말인가.

최익현의 초상은 두 개가 있다. 하나는 '有韓勉菴崔先生七十三歲像'이라는 제목이 붙은, 관복 입은 초상이다. 이는 모덕사 영당에 봉안되어 있는데, 채용신의 그림을 바탕으로 서울대학교 미술대 교수였던 이종상 화백이 그려 1989년에 봉안한 것이다.

채용신(1850~1941)은 무과에 급제한 이후 칠곡군수, 부산진수군첨절제사, 정산군수 등을 지내며 20여 년간 관직생활을 하였다. 벼슬에서 물러난 후에는 낙향하여 전라도 일대에서 초상화가로 활동하며 여생을 보냈다. 특히 전문적으로 그림 공부를 한 화원畵員 신분이 아니었음에도 불구하고 1900년 〈태조어진太祖御眞〉을 모사할 화가로 발탁되어 역대 임금과 고종의 어진 제작에 참여하면서 이름을 날렸다.

채용신의 영정을 모사한 이종상 화백의 그림은 2014년 9월 1일 충청남도 유형문화재 제231호로 지정되었다. 굳은 신념,

73세 때의 최익현.
채용신의 그림을 바탕으로 이종상이 새로 그린 것이다.

털모자를 쓴 74세 때의 모습.
아주 사실적으로 그려. 얼굴의 검버섯까지 놓치지 않았다.

타협할 줄 모르는 고집 같은 것이 이종상의 초상화에는 분명하게 나타나 있다.

털모자를 쓰고 있는 초상은 '勉菴崔先生七十四歲像 毛冠本'이라는 제목이 붙었는데, 이것도 채용신이 1905년에 그렸다. 전작에 비해 최익현의 얼굴이 훨씬 부드럽게 그려져 있다. 아마도 채용신이 너무 근엄한 표정으로 관복을 입은 최익현 초상에 불만을 갖고서 모자도 씌우고 한복을 입은 모습으로 새로 그린 것이 아닌가 여겨진다. 이 초상은 보물 제 1510호로 지정되었다.

경주 최씨. 고운 최치원의 27대손(화숙공파 19대손). 자는 찬겸贊謙, 호는 면암勉菴. 조선조 500년 동안 이보다 더 고집이 센 인물은 없었다. 나는 귀국하면 이 늙은이의 생애를 본격적으로 추적해 책을 써보리라, 취중에 단단히 결심했다.

그때까지는 수년째 한국 근대사에 대한 책을 이것저것 읽으며 일본·미국·중국·러시아 4대 강국에 둘러싸인 반도국가의 운명에 대해 서러워하며 울분의 나날을 보냈을 따름이다. 이제부터는 최익현의 생애를 차근차근 추적하면서 역사가 내게 지운 짐의 의미를 생각해 보기로 하자. 벗어 버릴 수 없는 짐. 대한민국 국민으로서 대한민국의 역사를 살펴보는 것은 당연한 일이 아닌가.

올곧은
선비의 길을
가다

귀신이 아니고 기남이라

지금으로부터 약 200년 전, 한 나라의 기운이 서서히 기울어 가던 때였다. 조선왕조 말 1833년 12월 5일(음력) 저녁 무렵이었다. 한 아이가 태어나 첫울음을 터뜨렸다.

아이의 이름은 최익현崔益鉉, 아버지 경주 최씨 최대崔岱와 어머니 경주 이씨 사이에서 태어난 둘째 아들이었다. 태어난 곳은 경기도 포천군 신북면 가채리 자택이었다. 기와집이긴 했지만 양반집치고는 집안 꼴이 어딘지 모르게 허술했다. 몇 대를 거슬러 올라가 봐도 그럴듯한 벼슬을 한 이가 없었으니, 가세가 계속해서 기울고 기울어 그날에 이른 것이다.

최대는 대학자인 최치원의 후손임을 아주 자랑스럽게 여겼지만 과거 준비를 포기하고 농사를 지었다. 급제한다고 해도 돈과 배경이 없으니 미관말직에 머물 것이 뻔했다. 삼정三政만 엉망이었던 것이 아니라 관리 등용문도 몹시 삐걱거리던 시대였다.

1833년은 어떤 해인가. 순조 재위(1800. 7~1834. 11) 막바지 무렵이었다. 정치기강이 문란해져 민생이 도탄에 빠졌고, 이를 틈타 평안도에서 농민반란인 홍경래의 난(1811)이 일어났다.

경기도 포천시 신북면 가채리의 사당 채산사(茝山祠).
면암 순국 이후 유림들이 건립했지만 1920년 일본군이 파손해 1935년에
재건립하였다. 1943년에는 일본경찰이 다시 파손하여 1949년에 복원하였다.
건물이 노후하여 1975년에 해체, 복원하였다. 기념물 제30호로 지정되었다.

조선조 초부터 서북 출신들은 고려의 유민으로 구분되어 등용되지 못했고 이후 천한 신분으로 여겨졌다. 수많은 이 지역 출신들이 울화 앙앙하며 세월을 보냈다. 왕을 원망했고 왕조를 비판했다. 엎친 데 덮친 격으로 세도정치가 농민들의 고통을 심화시키고 있었다.

홍경래가 과거시험에 낙방하지 않았더라면? 홍경래의 난이 일어나지 않았을지도 모른다. 주자학으로 정신무장을 하고 있었지만 자주 바뀐 중국의 왕조를 보면서 역성혁명易姓革命을 꿈

꾸었다. 난이 평정된 뒤 약 3천 명이 참수되었다. 나라 전체를 벌집 쑤신 모양으로 만들어 버린 큰 난이었다.

19세기 내내 이 땅에서는 천주교 박해로 많은 사람들이 죽었다. 그럼에도 불구하고 1831년에 천주교 조선교구가 설치되었다. 그 전에 신유박해(1801)와 을해박해(1815)가 있었고, 이후에도 기해박해(1839), 병오박해(1846), 경신박해(1860), 병인박해(1866)가 이어졌다. 수만 명이 목숨을 잃었을 텐데 그 정확한 수는 누구도 모른다.

우리나라 최초의 신부 김대건金大建 같이 망나니의 손에 참수당한 순교자와 가깝거나 먼 친척이 아닌 사람이 없었을 테니 나라 꼴이 얼마나 흉흉했을까. 교인이라는 이유로 아녀자도 아이도 노인도 죽었다. 왕족도 양반도 죽었다. 상민도 천민도 죽었다. 박해에 따른 대량살상이 있을 때마다 방방곡곡에 곡소리가 울려 퍼졌다. 선교하러 온 외국인 신부도 많이 희생되었다.

1834년 헌종이 왕이 되었을 때 나이가 고작 8세였다. 영조의 계비이며 대왕대비인 정순왕후가 수렴청정垂簾聽政을 하게 되었으니 말이 안 되는 정치였다. 수렴청정은 중국에서 건너온 제도로 왕이 어리면 왕의 어머니가 대신 정치를 하는 것이었으니, 왕조시대의 희한한 정치제도였다.

그로 말미암아 얼마나 많은 부정부패가 행해졌을 것이며 아첨꾼과 세도가가 얼마나 많이 설쳤을 것인가. 실력을 가진 사람들이 정치일선에 나서기 어렵고 줄을 잘 선 사람들이 출세하는 부조리는 당연지사였다. 청탁이 횡행하고 정의로운 사람이 뒷전으로 밀려나는 일도 비일비재였다.

아이는 별 탈 없이 자라났다. 잔병치레도 하지 않았고, 돌림병에도 걸리지 않았다. 유아사망률이 높은 당시로서 별 탈 없이 자라난 것은 하늘이 내려 준 복이었다.

하루는 이 마을에 들른 관상쟁이가 어린 익현을 보고 말했다.

"범의 머리에 제비턱을 가진 아이라 귀하게 될 상이로다."

그 말을 들은 익현의 동네친구 하나가 "범의 머리에 제비턱이래. 그럼 귀신이겠네" 하고 깔깔댔다.

관상쟁이는 "귀신이 아니고, 기남자奇男子라고 할까"라며 껄껄 웃었다. 기남자란 재주가 뛰어난 남자를 가리키는 말이지만 아이들이 그 말뜻을 알 리가 없었다. 이날부터 익현은 동네에서 '기남'이라는 별명으로 불리게 되었다. 찬겸아, 익현아 부르는 것보다 '기남아'가 더 부르기 쉬워 아이들은 오랫동안 소년 최익현을 그렇게 불렀다.

익현이 태어난 해와 그 전해에 경기도 일대에는 큰 흉년이 들었다. 물려받은 땅도 없고 몇 대째 벼슬길에 오른 이가 없는 최대의 집안이었으니, 흔히 하는 말로 '잔반殘班'이었다.

흉년이 들어 어디에서도 쌀 한 톨 꾸어다 먹을 수 없게 되자 최대는 고향을 떠나 새로운 살림터를 찾아 나섰다. 이삿짐을 꾸리고 보니 배 한 척에 다 실을 만큼 조촐했다.

이사를 간 곳은 충북 단양이었다. 평구강을 건너 충주 목계에서 짐을 내렸고, 거기서도 80리를 더 들어가야 나오는 금수산 자락에다 흙벽돌집을 지었다.

양반이긴 했지만 별 볼 일 없게 된 가난한 양반인지라 최대는 자식들을 잘 키워 집안을 다시 일으킬 꿈을 갖고서 열심히 농사를 지었다. 양반이긴 했지만 양반이랍시고 턱수염이나 쓰다듬으며 '공자 왈 맹자 왈' 글을 읽으며 살 수는 없었다. 밭을 일구지 않으면 쫄쫄 굶을 상황이니 어쩔 도리가 없었다.

그 집안에서 몇 대째 한 사람도 벼슬길에 오르지 못해 가난하게 살아가는 이런 양반들을 가리켜 '잔반'이라고 불렀다. 발음이 같은 잔반殘飯에 '음식 찌꺼기'라는 뜻이 있는데 사람들은 이 둘을 연결 지어 생각했다.

그래서 다들 과거의 영광을 되찾기 위해, 신분 상승의 기회를 노리며 과거 준비를 했지만 잘되는 경우는 별로 없었다. 시험도 자주 없었고, 과거시험이 배출한 인재보다 권력자의 추천에 의해 특채로 벼슬길에 오른 이의 길이 더 탄탄했다.

익현은 일찍 철이 들어 사고도 안 치고 친구들도 잘 사귀며 별 탈 없이 커갔다. 6세가 되자 서당에 가서 공부를 시작했다. 형 승현을 따라 《소학》이니 《동몽선습》이니 하는 책을 옆구리에 끼고 다니며 공부를 했는데, 공부에 크게 흥미를 못 느끼는 형과 달리 익현은 학문의 이치를 빨리 깨우쳤다.

익현이 9세가 되자 아버지 최대는 산골마을의 서당에 계속 보내 봤자 형제에게 학문적 발전이 없겠다고 판단하고는 인근에서 독선생을 물색했다. 지금으로 치면 과외선생님이다. 수소문 끝에 찾아낸 학자가 김기현金琦鉉이란 이였다. 역시 자기 땅 한 평도 없는 몰락한 양반이었다.

최대는 김기현 선생을 집으로 모셔 와 승현과 익현에게 유학의 기초를 가르치게 한다. 유학은 중국의 공자가 정립한 학문으로 인仁과 예禮를 중시하며, 수신修身에서 치국治國, 평천하平天下에 이르는 실천이 그 중심과제다. 이는 조선왕조의 기본이념이기도 했다.

조선에서는 유학의 갈래 중에서도 남송의 주자朱子에 의해 집대성된 주자학(일명 성리학)을 받들었다. 주자는 우주가 형이상形而上인 이理와 형이하形而下인 기氣로 구성되며, 이기理氣의 결합에 의하여 만물이 생성된다고 보았다.

주자학의 이론 중 이기론이 특히 중요한데, 인간의 본성인

사단四端은 이理가 발發하고 기氣가 따르는 것이라며 사단칠정四端七情에 관한 논의에서 시작했다. 주자는 실제 사물의 이치를 연구하여 지식을 완전하게 한다는 격물치지格物致知의 실천론도 주장했는데, 조선에서는 이 점이 제대로 받아들여지지 않았다. 아무튼 조선왕조는 주자학을 국가 통치를 위한 지배적인 학문으로 인정하였다.

이제 형제는 본격적으로 사서삼경의 세계로 들어가게 되었다. 최대는 두 아들을 위해 《논어》, 《맹자》, 《중용》, 《대학》 4가지 경전과 《시경》, 《서경》, 《주역》 3가지 경서를 각각 2권씩 구비했다. 문방사우도 스승의 것까지 일습 구입했다. 책과 학용품 구입에 쌀 몇 가마가 들어갔다. 그러나 두 아들의 교육비로 이 정도의 투자쯤은 조금도 아까워하지 않았다.

최대는 타고난 부지런함으로 버려진 남의 땅들까지 잘 일궈 가세를 일으켜 갔다. 형제의 독선생 김기현의 집안 살림이 어려운 것을 알고는 양식을 보내 주기도 했다. 하루는 김기현이 최익현의 아버지에게 간청했다.

"가장 노릇을 전혀 못 하고 있소. 내 식솔을 이 동네에 불러 와 살게 하고 싶소만⋯."

두 자식의 스승이 간청하는 것이라 뿌리칠 수가 없었다. 최대는 김기현의 가족에게 아예 사랑채를 내주었다.

김기현은 몸이 약해 독선생 노릇을 한 지 일 년 만에 병으로 죽고 만다. 최대는 없는 살림에 김기현의 가족까지 돌보게 되었지만 싫은 내색 없이 이 어려운 시절을 함께 감당코자 했다. 농사일을 할 사람이 늘었으니 일단 수확물을 나눠 먹은 뒤 농사일을 도우면 된다고 생각했다.

이항로의 제자가 되다

최대가 이주해 온 곳은 인가가 띄엄띄엄 있는 아주 궁벽한 곳이었다. 최익현이 11세 때 최대는 자식 교육을 위해 사람들이 조금 더 모여 사는 곳으로 나가 살기로 했다. 그래서 경기도 양근 땅 후곡이란 곳으로 가서 집을 한 채 세내어 살아가게 되었다. 이 이사가 최익현의 삶을 바꾸게 될 줄은 그때는 그 누구도 알 길이 없었다.

최대는 차남의 머리가 비상한 것을 알고 과거시험을 쳐보게 할 작정이었다. 그러자면 공부를 잘 가르칠 다른 선생을 찾는 것이 급선무였다. 여기저기 고명한 선생을 수소문해 보았다. 두 자식에게 공부를 시켜 보니 장남은 학문연구에 별 뜻을 보이지 않았지만 차남 익현은 하나를 가르치면 둘을 깨닫는 수재

이항로의 초상. 고집스런 표정이 얼굴에 가득하다.

였다. 기대가 클 수밖에 없었다.

어느 날 최대는 경기도 양근 땅 벽계 마을에 벼슬길에서 물러난 이항로李恒老라는 학자가 은거해 있다는 소문을 들었다. 개인 사숙私塾을 열어 후학들을 가르친다는 소문을 듣고 익현을 데리고 이항로를 찾아간 것이 익현의 나이 14세 때였다.

이항로는 익현에게 글을 써보게 하고 이것저것 질문을 던졌다. 아비가 찾아와서 부탁한다고 무조건 제자로 삼는 것이 아니라 일종의 면접시험을 본 뒤 자격이 된다고 여겨지면 제자로 받아 주고자 한 것이다.

'아, 내가 그토록 찾던 제자, 내 학풍을 잇게 할 제자가 오늘 이렇게 제 발로 찾아왔구나!'

한양에서도 이름이 높았던 대학자 이항로는 최익현이 범상 치 않은 아이임을 한눈에 알아보았다.

"이 아이를 두고 가시오. 내가 잘 가르쳐 보겠소이다."

최익현은 19세가 될 때까지 5년 동안 그 집에서 스승의 정성 어린 가르침과 사랑을 받으며 공부했다. 학비는 추수 때마다 형편껏 쌀 몇 가마를 보내면 되었다.

익현은 이항로의 문하에서 동문들의 기대와 격려 속에 학문 과 인격을 갈고닦는다. 이항로의 문하에는 김평묵·박경수· 유중교·이박·이준·임규직·홍재학 등도 있었다.

이들과 더불어 유인석·기정진·송진봉 등은 우리나라 역 사상 '위정척사론爲政斥邪論'이라는 정치이념으로 김옥균 등 개 화파開化派 인사들과 반대 입장에 서게 된다.

위정척사론은 나라의 문호 개방(이를 흔히 '개화'라고 한다)을 반대하면서 주자학을 지키고 천주교를 배척하자는 논리다. 개 화파는 서양의 새로운 문물을 받아들여 조선왕조의 케케묵은 제도를 바꾸자는 주장을 폈다. 개화파가 일으킨 1884년의 갑 신정변은 실패로 끝나지만 훗날 개화파의 정신을 이어받은 이들 중 몇 사람이 결국 일본에 나라를 팔아넘기게 된다.

이항로처럼 어릴 때부터 유학을 공부한 이들은 외국에 의존하지 말고 자력으로 외국의 침략을 물리쳐야 한다는 위정척사론을 주장하였다. 반면 일본이나 구미 각국에 다녀온 이들은 외국과 적극적으로 교역을 하고 문물을 받아들여야 한다는 개화파가 되기도 하였다. 이들의 주장도 일견 타당하지만 문제는 지나친 외국 의존에 있었다.

위정척사파 논리의 모순은 '수구守舊'에 있었다. 세상은 이미 바뀌었는데 옛 풍습을 지키고 왕을 잘 보위한다고 해서 될 일인가. 주자학이란 학문은 상당히 관념적인 학문인지라 19세기에 들어와서는 실생활에 바탕을 둔 과학적이고 실용적인 실학에 밀리는 추세였다.

최익현의 스승 이항로가 어떤 인물인지 알아볼 필요가 있다. 최익현과 같이 경기도 포천 태생인 이항로는 17세 어린 나이에 과거시험 예비고사 격인 '초시'에 합격한 뒤에 본고사인 '명경과'를 볼 준비를 하고 있었다. 그러던 어느 날, 높은 벼슬아치가 그를 찾아왔다.

"그대가 이 인근에서 가장 뛰어난 실력을 갖춘 젊은 학자라는 얘기를 들었소이다. 내게 아들이 하나 있는데 솔직히 말씀드려 과거를 볼 실력은 안 되오. 동무 삼아 옆에서 가르쳐 가면서 과거 준비를 해주면 수고비는 두둑하게 드리리다."

이항로가 아버지 뒤에 서 있는 청년을 보니 옷은 잘 차려입었건만 공부에는 별 흥미가 없는 사람으로 보였다. 뭐 재미난 일 좀 없나, 궁리를 하는 어린아이의 눈빛이라고 할까. 호기심은 많은 듯하지만 진지함이 결여된 인상이었다.

둘이 동무 삼아 공부를 하긴 했지만 벼슬아치의 아들은 자리에 오래 앉아 있지를 못했다. 공부하다 말고 동네 한 바퀴라도 돌고 와야지 직성이 풀렸다. 장이 서는 날이면 책상머리를 도무지 지키지 못했다. 한 달 뒤에 그 벼슬아치가 찾아왔다. 이항로의 손에 묵직한 돈지갑을 쥐어 주더니 이번에는 목소리를 한껏 낮추어 말했다.

"과거장에 내 아들과 함께 들어가서 답안지를 두 장 써주시오. 하나는 내 아들 것이오. 대충 쓰고 내 아들 이름만 그 답안지에 써놓으면 합격이 되게끔 내가 이미 다 조처해 놓았소."

당시 최고의 국가고시인 과거시험에 그런 부정이 통한다는 사실을 알게 된 이항로는 그날로 과거 준비 자체를 포기하고 만다.

나이 서른이 된 이항로의 실력은 조정에까지 전해져 여러 차례 벼슬자리 추천이 들어왔지만 그는 매번 거절했다. 당시는 매관매직賣官賣職도 문제였지만, 과거장에서 부정행위가 공공연히 행해져 과거시험의 권위도 추락하고 있었다.

이항로는 고향에서 서당을 열어 제자들을 가르치며 세월을 보내게 된다. 그는 나중에 벼슬길에 스스로 나아가는데, 그 계기가 1866년에 일어난 병인양요였다. 그의 '병인상소'는 나중에 살펴보자.

기해박해와 병인양요

임금이 된 지 3년째인 1866년에 고종은 나이가 아직 15세밖에 되질 않아 아버지 대원군이 아들을 대신해 나라를 다스리고 있었다. 이른바 섭정攝政으로, 이는 어린 왕을 대신하여 왕실의 누군가가 공식적으로 정치에 관여한다는 뜻이다.

단풍이 곱게 물든 10월 어느 날, 프랑스 극동함대의 군함 7척이 중국에서 출발해 황해의 물살을 가르며 강화도 쪽으로 다가왔다. 조선에서 포교하던 자기 나라 신부를 해친 데 대해 앙갚음하기 위해서였다. 다른 한편으로는 유리한 위치에서 조선과 무역을 하기 위해 총을 앞세워 위협하려는 의도도 있었다.

1839년, 80명에 이르는 조선인 천주교인을 포함하여 프랑스인 신부 3명이 이 땅에서 처형된 사건을 '기해박해'라고 한다. 프랑스 당국이 노발대발해 중국에 머물던 함대 사령관에게 바로 옆에 있는 동양의 소국 조선에 가서 사과와 보상을 받아 오라고 명령한 것은 그 나라 입장에서는 당연한 일이었다.

천주교가 심한 탄압을 받은 데는 여러 가지 이유가 있다. 앞에서도 언급했지만 조선왕조의 전통적인 사회질서는 '주자학'이라는 정치이념을 근본으로 하여 유지되었다. 주자학이 왕에게 충성하고 조상을 잘 섬기고 부모를 잘 모시는 것 등을 가르치는 데 반해 그 무렵의 천주교 교리는 조상에게 지내는 제사도 우상숭배 내지는 귀신숭배라며 원리원칙을 강조하는 등 고지식한 측면이 있었다.

외국인 신부들이 조선의 전통문화와 민간신앙, 그리고 유교를 좀 알았더라면 훨씬 유연하게 교리를 가르쳤을 테지만 말도 모르는 판에 이러한 것들을 이해하기란 쉽지 않았다.

그랬기 때문에 높은 지위에 있는 양반 기득권층은 천주교를 사회질서에 도전하는 나쁜 종교로 간주했다. 일반 백성들에게 뿌리내린 토속적인 민간신앙과 불교의 전통적인 관례와 초기의 천주교가 서로 맞지 않은 점이 많았던 것도 박해와 거부의 원인이 되었다.

천주교는 서양의 문물과 함께 들어왔기에 '서학西學'이라고도 불렸다. 조정의 높은 벼슬아치들이 중국을 보니 서학이 퍼지면서 그 큰 나라가 서양의 여러 나라에 죽도록 시달리는 것이었다. 그것은 마치 덩치 큰 물소나 하마가 하이에나 떼에게 물어뜯겨 죽어 가는 모습과도 같았다.

우리도 중국처럼 되지 않을까 겁을 먹은 당시의 임금 헌종(사실은 수렴청정을 하던 정순왕후부터)은 천주교 신앙을 허락하지 않기로 했다. 임금이 포교를 금하자 오히려 신자의 수가 늘어났고, 화가 난 정순왕후는 헌종을 앞세워 왕명을 거역한다고 많은 신도들을 처형했다.

당시 천주교를 믿거나 공부하는 사람 중에는 정순왕후를 정점으로 한 벽파僻派의 반대파인 시파時派나 남인南人들이 많았다. 시파時派와 벽파僻派는 영조 때 사도세자의 폐위와 사사賜死를 둘러싸고 분열된 파당이다. 무고를 받아 뒤주 속에서 굶어 죽은 세자를 동정하는 입장이었던 시파는 대부분 남인 계통이었으며, 세자를 공격해 자신들의 무고를 합리화하려고 했던 벽파는 대부분 노론老論이었다. 사도세자에 대한 비판과 동정도 대부분 정치의 주도권을 잡기 위한 명분이었다.

정순왕후는 순조와 헌종을 부추겨 천주교인들을 박해하는 데 앞장섰는데, 그럼으로써 주자학을 받든다는 명분과 정적政敵을 제거하는 실리를 함께 취하게 되었다.

프랑스 극동함대의 로즈 사령관.
우리가 꼭 기억해야 할 인물이다.

기해박해 때 살아남은 프랑스인 신부 중 한 사람이 중국 톈진
에 있던 프랑스 극동함대의 피에르 구스타브 로즈Pierre Gustave
Roze 사령관에게 가서 자국 신부의 처형 소식을 알렸다. 로즈는
기회를 노리다가 출동명령을 내린다.

해병대원 600명을 태운 7척의 군함을 끌고 온 로즈는 한양으
로 들어가는 길목에 위치한 강화도를 먼저 공격하기로 했다.
사정이 허락하면 한양까지 쳐들어가 조선 임금의 항복을 받아
낼 심산이었다. 프랑스는 중국같이 큰 나라와도 무조건 항복에
가까운 톈진조약을 맺었기 때문에 로즈 사령관은 자신감에 차

있었다.

텐진조약이란 1858년 6월, 러시아·미국·영국·프랑스 등 4개국과 청나라가 각각 맺은 4개의 조약을 통칭하는 것으로, 최초의 텐진조약은 애로Arrow호 사건의 결과였다.

애로호 사건이란 1856년, 영국 국기를 단 중국인 소유의 상선商船 애로호에 청나라 관헌이 들이닥쳐 국기를 강제로 내리고 중국인 해적을 체포한 사건을 계기로 일어난 영국과 중국 간의 분쟁이다. 영국은 국기 손상을 국가에 대한 모욕으로 간주했다. 때마침 프랑스인 선교사가 중국에서 살해된 사건을 계기로 영국과 프랑스가 공동 출범하여 광둥廣東성을 점령, 강제로 텐진조약을 맺었다.

가장 전형적인 텐진조약인 대對영국조약의 내용은 대략 다음과 같다.

1. 외교사절의 베이징 상주.
2. 영국인 내지內地 여행 자유와 양쯔강 통상의 승인.
3. 새로운 무역규칙과 관세율협정.
   (이로써 아편무역이 합법화되었다.)
4. 개항장開港場의 증가.
5. 그리스도교의 공인.

겉으로 두 나라가 경제협정을 맺은 것처럼 보였지만 실제로는 중국이 영국 앞에 무릎을 꿇고 항복한 것과 마찬가지인 굴욕적인 내용이었다. 이 밖에 영국과 프랑스는 중국으로부터 600만 냥의 배상금을 받아 냈다. 그 지불이 완료될 때까지 광둥 성을 점령하겠다는 내용이 포함되었다.

1860년이 되자 영국·프랑스 연합군은 이에 만족하지 않고 베이징을 점령하고는 베이징조약을 강제로 맺었다. 여기에는 톈진조약의 유효함을 확인하는 조항 외에도 톈진조약에서 규정한 프랑스분 400만 냥을 800만 냥으로 증액하여 배상할 것, 중국은 톈진을 개항하여 상업부두로 할 것, 프랑스의 중국인 노동자 모집을 허용할 것, 전에 몰수한 로마 가톨릭교 재산을 반환하고 프랑스 쪽에서 중국어 조약문에 "프랑스 선교사가 토지를 매입하여 건물을 세울 수 있다"는 구절을 임의로 추가할 수 있도록 할 것 등의 내용이 추가되었다.

중국과 이런 불평등조약에 따른 협정이 이루어진 과정을 잘 아는 로즈 사령관이었으므로 '흥! 조선 같은 작은 나라 군사들이 우리 군함 7척의 위용을 보고 얼마나 놀랄까. 톈진조약의 소문도 다 들었을 테니 알아서 사죄하고 문호를 개방하겠지' 하고 생각한 것은 당연한 일이었다.

다음과 같이 생각했을 수도 있다.

'조선은 중국 대륙의 동쪽에 붙어 있는 작은 반도국가다. 우리 선교사를 죽인 까무잡잡한 원시부족인 조선인은 미개한 아프리카 식인종이나 마찬가지다. 일단 대포와 총으로 겁을 준 뒤에 무역을 하자고 요구하면 우리가 제시하는 어떤 조건도 다 들어 주겠지.'

이것이 오판임은 곧 드러난다.

"이양선이 출현했다! 모두 총을 꺼내 들고 전투 준비를 하라!"

이양선異樣船이란 조선 중기 이후에 바닷가에 간혹 나타나던, 철로 만든 외국의 배를 말한다. 우리 배는 목선인데 철로 만든 배라 그것과는 모양이 다르다는 뜻으로 붙인 이름이다.

강화도의 초지진을 지키던 한근성과 이장렴은 부하 300명을 격려하며 전투에 임하려고 했지만 프랑스 군함들이 배에서 포 사격부터 해대니 정신을 차릴 수 없었다.

엄청난 화포의 위력에 초지진은 금방 무너졌고, 함대 중 4척의 배가 곧바로 갑곶진으로 향했다. 잘 훈련된 프랑스 해병대원들은 배에서 뛰어내려 진해문 근처의 고지를 금방 점령했다.

강화읍까지도 프랑스 군대의 손에 넘어갔고, 이들은 강화도의 문수산성으로 공격해 들어갔다. 문수산성에서는 양헌수가 600명의 군사를 데리고 결사적으로 항전했다. 우리 수비대 병

초지진 광경　　　　　　　　　　　　　　당시 사용한 조선의 대포

사들이 수도 없이 죽어 갔다. 프랑스 군인도 6명이 죽고 30명
이 부상당하자 일단 물러갔다.

　전황을 보고받은 대원군이 작전을 짰다. 문수산성을 점령하
는 데는 어쨌거나 실패했으니까 이번에는 길을 돌아 정족산성
을 공격하리라 짐작하고는 산성으로 가는 길목에 포수들을 배
치했다.

　그 무렵에 만주는 물론 조선에도 호랑이가 제법 많았다. 호
랑이를 잡아 호피虎皮를 벗겨 파는 포수들이 한양에 꽤 있었고,
멧돼지며 노루 같은 것을 잡으며 사는 사냥꾼도 적지 않았다.
서울과 경기도 일대의 난다 긴다 하는 포수 수십 명을 재빨리
모아서 정족산성 가는 길에 매복시켰다. 대원군이 대궐에서
살지 않고 전국을 유람하며 젊은 시절을 보내 세상 물정을 잘

정족산성 남쪽의 성벽

알았기에 가능한 일이었다.

"가까이 올 때까지는 절대로 총을 쏘지 마시오."

프랑스 군대는 조선인 의용군이 그 짧은 시간에 모집되어 공격을 가할 줄은 꿈에도 모른 채 여유롭게 행군하고 있었다. 사냥총의 사정권 안에 들어왔을 때 대장으로 뽑힌 경험 많은 포수가 소리쳤다.

"사격!"

프랑스 군대는 갑작스런 총소리에 혼비백산 달아나거나 총에 맞아 나뒹굴며 전열이 금세 흩어졌다. 프랑스 군인들이 항구의 배로 걸음아 날 살려라 하고 달아나자 포수 부대는 만세를 불렀다.

"임금님 만세! 홍선대원군 만세!"

다수의 사망자가 나오자 로즈는 기가 완전히 꺾여 강화도에서 철수하여 톈진으로 돌아갔다. 대원군의 작전이 이렇게 멋지게 성공하자 그의 능력은 나라 안팎으로 크게 인정을 받았다. '프랑스 군대를 물리친 조선의 군대'에 대해 각 나라 신문에도 크게 보도되었다.

2개 산성을 제외하고는 강화도 전역이 점령당한 기간은 1달밖에 되지 않았다. 하지만 그 기간에 프랑스 군인들은 고문서 보관창고인 외규장각을 불태워 버렸고, 그 안에 보관되어 있던 귀중한 문화재와 보물들을 몽땅 배에다 실어 자기 나라로 보냈다. 그렇게 약탈해 간 문화재를 프랑스는 지금까지도 우리나라에 돌려주지 않고 있다.

이항로의 위정척사사상

이항로는 '동부승지'라는 큰 벼슬을 받고도 궁궐에 들어가기를 거부한 채 경기도 양근에서 제자 교육에만 몰두하고 있었다. 그러나 프랑스 함대가 조선을 침공했다는 소식을 들은 그는 마음을 고쳐먹고는 동부승지의 자격으로 입궐하여 적과 맞서 싸우자고 주장했다.

"종묘사직을 우리가 지키지 않으면 누가 지킨단 말이오. 이제는 청나라를 향해 손을 내밀 수도 없지 않습니까! 일본에게 도움을 청했다간 큰 봉변을 당할 것이오. 빨리 군사를 정비해 한양을 지킬 방비책을 세워야 합니다."

조정의 대신 중에는 겁을 집어먹고 굴욕적인 톈진조약을 맺은 중국의 경우를 들먹이면서 화친을 주장하는 이들이 있었다. 이항로는 이렇게 자구책을 펼치면서 화친론자들의 주장을 물리쳤다.

이때부터 관직을 갖게 된 이항로는 머지않아 공조참판으로 승진되었고 경영관이라는 벼슬도 했다. 과거제를 통하지 않고 특별채용되었는데도 고속 승진한 것이다. 그의 학문적 재능뿐만 아니라 관리로서의 능력까지도 임금이 전폭적으로 지지한 결과였다.

그런데 이항로가 궁궐에 와서 보니 고종은 발언권 없는 허수아비와 다름없고, 대원군이 나라 일을 좌지우지左之右之하는 것이 아닌가. 그는 이래서는 안 되겠다는 생각에 대원군을 비판하는 상소문을 고종에게 올린다.

아무리 대원군이 아버지이지만 당신이 한 나라의 임금이니 눈치 보며 살 필요는 없다고 노골적으로 부추기는 내용이었다. 고종에게 은근히 용기를 북돋우는 이 상소문이 그 유명한 '병인상소'다. 전국의 서원 대부분을 없앤 대원군의 처사는 옳지 않으며, 특히 만동묘萬東廟는 재건되어야 한다고 주장하는 상소문도 올렸다.

이 사실을 안 대원군은 노발대발하며 이항로의 벼슬을 빼앗고 고향으로 가버리라고 호령하였다. 마음 같아서는 귀양을 보내고 싶었지만 고종이 허락하지 않을 것을 알았기에 낙향을 명했던 것이다.

이항로는 '에라, 더러운 꼴 안 보게 되어 오히려 잘되었다' 하고는 고향으로 내려갔고, 그 뒤로 다시는 벼슬을 하지 않았다. 대쪽 같은 이항로의 성격은 고종에게 올린 상소문에 잘 나와 있다.

바라옵건대 전하께서는 스스로 뜻을 결단하시어 무릇 의복·음식·물건을 쓰실 때 하나라도 서양 것이 그 사이에 끼어 있거든 모조리 찾아내어 대궐 마당에 이를 모아 불태우시기 바랍니다. 좋아하는 것과 미워하는 것이 어느 쪽이라는 것을 명확히 나타내 보이시면 이는 욕망을 자제하시고 마음을 바르게 가다듬은 증거이니, 전하의 몸가짐이 바르게 될 것입니다.

이로써 왕실과 종친宗親·외척外戚을 깨우쳐 경계하시면 그들도 서양 것이 무조건 좋다고 좇지 않을 것이니 전하의 집안이 바로잡힐 것이며, 이로써 조정을 깨우쳐 경계하시면 안으로 조정으로부터 멀리 시골에 이르기까지 뜻을 좇으리니 전하의 나라가 바르게 되리이다.

서양의 의복과 음식, 물건을 하나도 쓰면 안 된다는 주장은 지나치지만, 그것들은 편리하게 쓰면서 우리 땅에서 나는 농산물이나 공산품을 낮추어 봐서는 안 된다는 내용이 이어지는 것으로 보아 이항로는 국산품 애용 운동의 선구자였던 셈이다. 고종 주변에서 감언이설甘言利說을 일삼는 종친과 외척을 경계해야 한다고 간곡하게 건의한 이항로는, 정치의 문란함이 바로 여기에서 비롯됨을 잘 알고 있었다.

이항로는 왕을 중심으로 똘똘 뭉쳐 외세의 침략을 물리쳐야 한다는 존왕양이尊王攘夷 사상, 우리나라와 우리 민족에 대한 걱정을 내 집처럼 해야 한다는 애국애족 사상, 우리가 자체적으로 힘을 길러야 한다는 자주자립 사상을 주장했는데, 이것들을 합친 것이 위정척사론이다. 이 사상은 나중에 항일 투쟁의 지도이념이 되고, 최익현 사상의 모체가 된다. 이항로가 없었다면 최익현도 없었을 것이니, 그 스승에 그 제자였다.

이항로의 제자 사랑은 좀 별난 구석이 있었다. 집에 손님이 오면 일부러 제자를 불러내 손님에게 인사를 시키며 은근히 자랑했다.

"이것이 이번에 이 아이가 쓴 글이오. 참 대단하지 않소?"

익현도 스승의 기대에 어긋나지 않게 정말 열심히 공부했다.

최익현이 15세가 되자 스승은 '면암勉菴'이라는 호를 지어 주었다. 옛날 양반들은 '호'라는 또 하나의 이름을 가졌는데, 어른이 되면 본명보다는 주로 호를 불렀다.

"힘쓸 면勉에 암자 암菴이니, 벼슬을 하려고 애쓰지 말고 한평생 암자에 들어가서 도를 닦는 수도승처럼 열심히 공부하라는 뜻이다."

"네, 스승님, 그 이름에 담긴 뜻을 평생 잊지 않겠습니다."

최익현은 스승의 이 말을 가슴 깊이 새기고 평생 실천하려고 애쓴다. 자신을 위한 입신양명立身揚名보다는 백성을 위해 살아가야 한다는 보국안민輔國安民의 정신은 스승이 지어준 호에 이미 새겨져서 그는 스승의 그 가르침대로 살아간다.

최익현이 18세 때 이항로의 제자들이 스승을 모시고 설악산 여행을 떠났다. 일종의 수학여행이었다. 정상에 오르자 스승이 물었다.

"여기 올라와서 무엇을 느꼈느냐?"

각자 돌아가면서 한두 마디씩 소감을 말하는데, 최익현의 순서가 되었다.

"깊은 산에 가을이 저무니 하늘이 넓고, 구름이 없으니 하늘이 말끔합니다."

시를 읊조리듯이, 꿈에 취한 듯이 대답하였다. 스승의 표정에 약간 실망하는 빛이 어렸다.

"그래, 자연의 아름다움을 만끽하는 것도 좋지만 네 마음이 저 자연을 닮도록 늘 깨끗하게 닦도록 해라."

"네, 스승님. 명심하겠습니다."

익현이 19세가 되자 스승은 더 가르칠 것이 없으니 문하를 떠나라고 명한다.

익현은 집으로 돌아온 후 20세가 되자 청주 한씨를 아내로 맞이하였다. 가업이라고 해봤자 농사였지만 형님인 승현이 아버지를 도와 열심히 농사일을 했기 때문에 먹고사는 것에 대해서는 큰 걱정을 하지 않아도 되었다.

출세가도를 달리다

22세 때 최익현은 서울로 유학을 떠나 성균관에 입학한다. 성 균관은 지금으로 치면 국립대학으로서 국가의 관리가 되려면 거쳐야 하는 엘리트 코스였다. 그는 입학 바로 다음 해인 23세 때 과거시험인 명경과明經科에 응시한다. 1855년 3월이었다.

시험이 좀 특이했다. 제목을 주고 무엇을 논하라고 하거나 시제를 주어 시를 쓰라고 하는 것이 상례였는데 응시생이 《상 서尚書》의 어느 편을 제비 뽑아 외우게 하는 시험이었다. 일종 의 암기력 테스트였다. 내용을 완전히 파악해야 암기가 가능 하기에 이해력도 무시할 수 없었지만 예년에 치던 시험과는 판 이하게 다르게 출제된 것이 문제였다.

"자, 시작해 보라."

앞서 우공禹貢 편의 각 절을 받은 응시생은 중도에 그만두거 나 더듬거리며 읽었지만, 최익현은 물 흐르듯이 좔좔 읽어 나 갔다. 글 읽는 소리가 청아하여 시험장인 춘당대春塘臺 별전別殿 의 기왓장이 쟁쟁 울릴 정도였다. 시험관은 대목이 바뀔 때마 다 자기도 모르게 가볍게 감탄사를 터뜨리면서 책상을 쳤다.

"좋고! 아, 좋고!"

최익현은 시험관이 외워 보라는 곳의 끝까지 자신 있게 달

달 외웠다.

"잘했다, 순통純通이로다."

시험을 치면 채점 과정에서 부정이 개입될 수 있었지만 이렇게 공개적으로 문장을 암기하게 했으므로 시험 결과에 대해 누구도 따질 수가 없었다. 첫 응시라 기대를 전혀 하지 않았는데 상제上第로 뽑혔다. 장원급제였다.

이 소식을 부모님께 전한 후 최익현은 스승의 우거로 한달음에 달려갔다. 스승께 큰절을 올린 뒤에 장원급제를 고하는 제자에게 이항로는 이렇게 말한다.

"너의 석갈釋褐을 출세의 시작이라고 생각하지 마라. 부모에게 효도하던 마음으로 이제부터는 임금에게 충성해야 한다. 너는 열심히만 하면 나중에 재상도 될 수 있다. 벼슬이 올라갈수록 콧대가 높아져서는 안 된다. 높이 올라갈수록 더욱더 경전을 열심히 읽으면서 마음을 닦도록 해라."

"네 명심하겠습니다."

벼슬길에 나아가 처음으로 받은 직책은 승문원承文院 부정자副正字의 일이었다. 외교 담당인 승문원의 최말단인 종9품 벼슬이었다. 최익현은 이후 열심히 일하여 스승의 예언대로 계속 승진한다.

24세 때 성균관 전적, 25세 때 순강원 수봉관, 27세 때 사헌

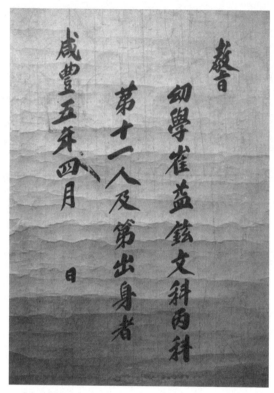

교지에 따르면 문과 병과 '제11인 급제 출신자'라고 되어 있다.
11등이라는 것인가? 이 교지는 좀더 고증이 필요하다.

부 지평, 28세 때 이조정랑, 30세 때 신창현감, 32세 때 예조 좌랑, 33세 때 성균관 직강, 34세 때 다시 사헌부 지평(정 5 품), 36세 때 사헌부 장령(정 4품) 등의 벼슬을 하였다. 국운이 많이 약해지고 있었지만 관리로서 열과 성을 다해 살아간 20대 와 30대 시절이었다.

최익현은 자기보다 높은 관리에게 굽실거리지 않았고, 아랫 사람에게도 예를 갖춰 대접하여 공명정대하다는 평판을 얻으 며 거의 해마다 한 계단씩 높은 자리로 올라갔다.

최익현이 종 9품인 순강원順康園 수봉관守奉官으로 있을 때 순 강원 관내에 무덤을 쓴 이가 있었다. 순강원은 조선 제 14대 왕 인 선조의 후궁 인빈 김씨(1555~1613)의 묘소를 말하는데, 이 곳을 관리하는 관직이 순강원 수봉관이다.

"이보시오. 여기는 개인 땅이 아니라 나라에서 관리하는 땅 입니다. 여기다 묘를 쓰면 어떻게 하오. 빨리 다른 곳으로 옮기 시오."

최익현이 꾸짖자 그 사람은 예조판서의 편지를 내밀며 큰소 리를 쳤다.

"수봉관 나으리, 여기에 묘를 써도 좋다고 높으신 어른이 이 렇게 허락하지 않았습니까!"

최익현은 형조에 연락해 묘를 쓴 이를 잡아 가두고 예조판서를 찾아가서 따졌다.

"나라의 땅을 개인이 사사로이 쓰는 것은 잘못인데, 그런 사람을 두둔까지 하니 어찌 된 일입니까!"

예조판서는 최익현이 영 괘씸했지만 말은 바른 말이라 하는 수 없이 그 사람에게 묘를 다른 곳으로 옮기라고 했다. 그때 최익현의 나이 고작 26세였다.

이런 일도 있었다. 31세에 신창현감을 지낼 때였다. 충청감사 유장환이 살림이 어려운 주민에게 사채를 빌려주었는데 정해진 날짜에 갚지 않자 벌을 주었다. 이에 분노한 최익현이 유장환을 찾아가서 큰소리로 따지면서 주민을 적극 변호하였다. 충청감사면 지금으로 치면 충청남북도 도지사로서 큰 벼슬이다. 하극상下剋上이라고 괘씸하게 생각한 유장환이 자신의 권력을 이용해 관계 요로에다 거짓보고를 해 고과점수를 깎는 비겁한 짓을 한다.

이 일로 최익현은 벼슬살이에 환멸을 느껴 사직서를 내고 고향으로 내려가 버린다. 지방 관료들이 사리사욕 채우기에 급급했음을 보여 주는 좋은 사례다.

이항로는 의로운 일을 했는데도 모함을 당해 낙향하고 만 제자에게 편지를 보내어 위로한다.

"자네는 늙은 부모를 봉양하고 어린 자식들도 가르쳐야 하는

데 관직 내놓는 일을 그렇게 당당하게 했다. 주자의 글을 헛되이 읽지 않았구나. 잘했다. 부정부패를 보고도 눈감는다면 자네도 그와 똑같은 무리가 되고 마는 것이야."

최익현이 36세 때 어머니가 돌아가시고, 태어난 지 여섯 달밖에 안 된 아들 호길도 죽는다. 뒤이어 스승 이항로도 노환으로 숨을 거둔다.

스승의 별세 소식을 듣고 최익현은 돗자리를 깔아 놓고 한참을 운다. 겨우 정신을 차리고 양근에 있는 상갓집에 가서 장례를 치른다. 이항로의 좁은 집 마당 안팎은 그간 그가 길러 낸 제자들의 곡소리로 가득 찬다.

이 해가 1868년, 일본 메이지明治유신 원년이다. 메이지유신이란 무엇인가? 일본 메이지 왕 때 종래의 막번幕藩체제를 무너뜨리고 천황 중심의 왕정복고王政復古를 이룩한 정치변혁이다. 일본은 메이지유신을 통해 근대적 통일국가를 형성했다.

이때부터 급격히 사회체제가 바뀌어 갔다. 경제적으로는 자본주의가 성립되었고 정치적으로는 입헌立憲군주제가 시작되었으며, 사회·문화적으로는 근대화를 추진하였다. 또 국제적으로는 제국주의 국가가 되어 천황제적 절대주의를 국가 전 분야에 걸쳐 실현했다. 즉, 천황제를 유지하는 한계 속에서도 자본주의와 민주주의를 기반으로 하는 국가 기틀을 마련한 것이다.

일본은 메이지유신을 단행함으로써 나라를 부강하게 하고
군사력을 키워 부국강병富國强兵을 위한 기틀을 마련하였는데
당시 조선은 청나라를 제외하고는 어느 나라와의 통상도 거부
하면서 나라의 문을 걸어 잠그기 바빴다. 그때 만약 일본처럼
정치개혁을 단행했더라면 36년 동안 식민지 피지배라는 엄청
난 고통을 겪지 않아도 되었을 텐데….

그해가 고종 5년, 조선은 대원군의 진두지휘 아래 몇 년 동
안 진행한 경복궁 근정전과 경회루 공사가 마무리될 무렵이었
다. 병인양요에서 승리를 거둔 대원군에 대한 칭송은 어느새
원망으로 바뀌었다. 아니, 내심 치를 떨고 있었다. 대원군이
국가의 재정 상태를 무시한 채 경복궁 공사를 무리하게 강행했
기 때문이다.

대원군을 몰아내고
제주도로 귀양 가다

상소문을 처음으로 올리다

최익현은 1868년, 36세 때 사헌부司憲府 장령으로 임명되었다. 사헌부는 지금의 감사원 같은 곳으로, 잘못된 정치기강을 바로잡고 벼슬아치의 잘못을 탄핵하던 관청이다.

'비로소 내가 일하고 싶은 곳으로 왔구나. 권력에 아부하며 백성들의 고혈을 빨아먹는 나쁜 관리들을 징치懲治해야지.'

속으로 쾌재를 부르며 부서를 옮긴 그는 업무 파악을 하자마자 고종에게 강력하게 건의하는 상소문을 썼으니 그 스승에 그 제자였다.

상소문 '시폐時弊 4조'는 우리 시대의 가장 큰 4가지 폐단이라는 뜻이었으니, 1975년부터 1988년까지 시행되었던 국가모독죄에 해당된다고 할 수 있을까. 즉, 대원군에 대한 탄핵 문서였다. 시폐 4조에는 당시 정책의 모순점 4가지가 적혀 있었는데 모두 대원군이 주도한 것이었다. 명령은 대원군이 내렸지만 임금의 윤허하에 모든 일이 이뤄졌으므로 책임자는 명목상 고종이었다. 이제 17세인 고종이 이 상소문을 보고 건의를 받아들이면 다행이지만 대원군이 먼저 노발대발하면 귀양 가는 것은 물론 목숨을 잃을 수도 있었다.

최익현은 상소문에서 첫째, 대규모 토목공사를 중지해야 한다고 주장했다.

대원군은 2년 6개월의 공사 끝에 1867년 11월 경복궁 근정전을 완공하였고, 다음 해 7월에 경회루를 완공하였다. 그 뒤 광화문 앞에 6조의 건물을 지었고, 남대문과 동대문도 수리하였다. 6조란 나라의 중요한 일을 하던 여섯 개의 관청, 즉 이조吏曹·호조戶曹·예조禮曹·병조兵曹·형조刑曹·공조工曹를 가리키는 말로서, 오늘날로 치면 중앙부처 청사를 지은 것이다.

이는 응당 해야 할 대규모 건축공사였지만 문제는 몰아치기로 한꺼번에 하니 백성들의 원성이 하늘을 찔렀다. 농사철에 궁궐 보수공사에 동원되어 노임도 제대로 못 받았으니 일을 강행하는 대원군이 미울 수밖에 없었다.

특히 경복궁 공사는 팔도에서 수백 명의 인부들을 불러 모아 막사를 지어 단체로 밥을 먹이고 잠을 재워 가면서 시행하는 대규모 공사였다. 그런데 노임도 제대로 안 주며 '대궐을 짓는 공사'라고 무료 봉사를 강요했기에 원성만 높아 갔다.

공사에 들어가는 나무와 돌도 전국에서 좋다는 것만 사 모았다. 말과 소를 이용해 목재와 석재를 한양으로 운반해 오는 것만 해도 보통 일이 아니었다. 가난한 백성들은 끼니 때울 일이 걱정인데 나라에서는 임금의 아버지라는 사람이 앞장서서 궁궐을 짓고 치장하는 일에 온 국력을 쏟고 있으니 잘못된 일이라고 본 것이다.

둘째, 대원군은 취렴정치聚斂政治를 하지 말아야 한다고 썼다. 취렴정치란 백성의 재물을 탐내어 함부로 거둬들이는 정책을 말한다. 개인 토지에 있는 나무를 베어 목재로 쓰고 돌을 갖다 쓰면서 응분의 대가를 주지 않는 것은 명백히 착취였다. 최익현은 대원군이 그런 정치를 하는 사람이라고 노골적으로 비판했다.

셋째, 당백전當百錢을 쓰지 말라고 적었다. 당백전이란 경복궁 공사를 하면서 새롭게 발행한 돈으로, 오늘의 국채國債 같은 것이다. 당백전 한 푼은 그때까지 쓰던 엽전 백 푼과 맞먹는 큰 돈으로, 이 돈 때문에 시중 돈의 가치가 떨어지고 물가가 치솟았다. 대원군은 이것으로도 공사비용을 감당하기 어렵게 되자 원납전願納錢이라는 것도 만들어 받았다. 이것은 각계각층에서 자진납부하게 한 돈으로, 평민도 거액을 내면 수령의 관직을 살 수 있었으므로 부정의 온상이었다.

넷째, 4대문 통행세를 받지 말라는 것이었다. 서울의 4대문은 흥인지문(동대문)·돈의문(서대문)·숭례문(남대문)·숙정문인데, 경복궁 공사를 하면서 돈이 모자라자 이 문을 통과하는 우마차나 큰 봇짐에도 통행세를 받았다.

'양반들은 울며 겨자 먹기로 큰돈(원납전)을 나라에 바치고

한자로 쓴 최익현의 상소문

평민 이하는 노임도 제대로 못 받고 공사판에서 중노동을 한다. 백성을 편하게 해주는 것이 군주의 도리이거늘 어찌 이럴 수 있단 말인가.'

이런 생각을 품고 최익현은 상소문을 썼는데, 사실 목숨을 건 일대 모험을 한 셈이었다.

대원군은 조선왕조의 위용을 세계만방에 떨치려면 궁궐의 모습이 일단 거창해야 한다고 했지만 이것은 짧은 생각이었다. 군주가 백성을 강제로 노동판으로 내몰고 배를 곯게 하는데 누군들 나랏일이라고 좋아할 것인가. 섭정 이후 각 고을의 수령이나 토호들의 사적私的인 수탈을 막겠다고 큰소리를 뻥뻥 친

그가 공적인 수탈을 자행한 것이다.

그 무렵 삼정三政이 제대로 안 이루어져 나라의 재정 상태는 엉망진창이었다. 삼정이란 조선시대 국가 재정의 3대 요소인 전정田政(토지세)·군정軍政(병역의무)·환정還政(정부보유 미곡의 대여제도)인데, 나라 경제와 국방의 기틀인 이 3가지가 제대로 운영되지 않았으니 백성 대다수가 살 의욕을 잃고 신음했다.

게다가 거의 해마다 여름이면 가물었고 가을로 접어들면 홍수가 나 민심이 흉흉해졌다. 지방의 관리들은 자기 배 채우기에 급급하여 백성들을 못살게 굴었다. 백성들의 이런 불만이 곪아 터진 것이 동학농민전쟁(1894)이었다.

최익현은 백성들 편에서 분연히 일어나 경복궁 공사를 주도한 대원군을 상대로 이런 것들을 당장 그만두라고 항의하는 상소문을 올린 것이다. 물론 명목상으로는 고종에게 건의하는 식으로 쓴 상소문이었지만 실제 내용은 사헌부에 적籍을 둔 관료로서 권력의 정점에 우뚝 서 있는 대원군에게 한판 결투를 신청한 것이나 마찬가지였다.

병인양요에서 포수들을 동원해 승리를 거둔, 즉 외국의 군함까지 물리친 대원군이었다. 대원군이 무서워 어떤 양반도 말 한마디 못 하던 시대에 36세의 사헌부 장령 최익현은 목숨을 걸고 상소문을 썼다.

그 이전 몇 년 동안 어느 누구도 대원군이 무서워 고종 앞으로 상소문을 쓰지 못했는데 이 상소문을 시발로 누구나 고종에게 상소를 올릴 수 있게 되었다. '최익현도 했는데 나도 한번' 하는 마음을 갖게 된 것이다. 많은 사람들이 "면암 덕에 막혔던 언로言路가 트였다"며 최익현을 칭송했다. 물론 최익현은 스승에게 배운 바, '선비는 하고 싶은 말을 하고 살아야 한다'는 것을 그대로 실천한 것이었지만.

그런데 시폐 4조를 반격하는 상소문이 올라왔다. 사간司諫 권종록이란 이가 쓴 것이었다. 그는 대원군의 사저인 운현궁에 출입하면서 출세를 노리던 자였다. 대원군의 지시에 따라 시폐 4조를 폄하하는 상소문으로 역공을 취한 것이다.

그는 통행세를 받는 것은 나라가 정한 법인데 아무리 사헌부 관리라고 하더라도 그런 일까지 들고 나오는 것은 월권이라고 공박했다. 그리고 부자유친父子有親을 숭상하는 나라의 질서를 어지럽힌 최익현을 유배 보내라고 몰아쳤다.

고종은 대원군의 눈치를 보지 않을 수 없었다. 이 일을 어떻게 처리하나, 난처해졌다. 대원군이 심어 놓은 벼슬아치들이 대궐에 득시글거릴 때였다. 탄핵이 진행 중이라는 말을 전해 들은 최익현은 궐문 밖에서 무릎 꿇고 앉아 대죄待罪할 생각을 했다.

고종은 일단 최익현의 관직을 삭탈함으로써 파문을 잠재우기로 했다. 하지만 그 얼마 뒤에 돈령부 도정에 제수한 것으로 보아 고종은 전혀 벌주고 싶지 않았던 모양이다. 이 일만 놓고 보더라도 부자지간인 대원군과 고종이 대립관계였음을 알 수 있다.

대원군의 개혁과 막강한 권력

대원군이 어떻게 하여 고종을 대신해 나랏일을 처리할 만큼 권력을 휘두르게 되었는지 알아볼 필요가 있다.

대원군의 원래 이름은 이하응李昰應이고 영조의 증손인 남연군의 넷째 아들이다. 왕족은 왕족인지라 '흥선군'이라는 다른 이름을 갖기는 했지만 직계 왕손은 아니었다. 그래서 자기 아들은 임금이 될 수 없었지만 실낱같은 가능성을 염두에 두고 착실히 준비하면서 조정의 동태를 살폈다.

철종이 갑자기 승하했을 때 왕위를 이어받을 아들이 없자 철종의 선대 임금인 헌종의 어머니 조 대비는 왕가의 큰 어른이라는 특권으로 흥선군의 둘째 아들을 왕으로 지명한다. 주권이 국민에게 있는 민주주의 사회에서는 상상도 못 할 일이지만

관복을 입은
대원군의 모습

'이씨 왕조'인 조선조 때라 임금이 될 사람을 찾는 것도 한 집안
의 일이었다.

  그 시대에는 임금의 아버지를 대원군이라고 했으므로 홍선
군 이하응은 자연히 홍선대원군으로 불렸다. 이하응은 권력의
변방에 있다가 하루아침에 어린 임금의 아버지로서 권력의 핵
심인물이 되는데, 워낙 머리가 비상하여 이런 날이 올 줄 예상
했을지도 모른다.

  철종의 몸이 약해 왕위에 오래 머물지 못할 것을 예감한 홍
선군은 조 대비가 왕위 임명권을 쥐고 있음을 알고서 은밀히

조 대비에게 줄을 대었으니, 사실은 대단한 야심가였다.

'권문세가인 안동 김씨 일가가 나를 견제하면 내 아들이 절대 임금이 될 수 없지.'

당시는 안동 김씨가 양반 집안 중에서도 대대로 높은 벼슬을 독차지하면서 최고의 권력을 갖고 있었기에 이들이 이하응에게 반기를 들면 왕위 계승은 불가능했다. 이를 잘 알던 이하응은 술주정뱅이에 노름꾼으로 자신을 위장한 채 살아갔고, 동네 건달들과 일부러 어울려 다녔다. 즉, 아무런 정치적 야심이 없는 사람인 양 행동하고 자신의 본심을 누구한테도 입 밖으로 드러내지 않았다.

어느 날엔가는 안동 김씨 문중을 찾아가 구걸을 하기도 했으니 이하응은 준비성이 철저한 사람이었다. 당연히 안동 김씨 일족은 이하응이라는 인물을 무시하였고, 이것이 그가 노리던 바였다.

대원군이 지금의 대통령보다 더한 권력을 쥐자 그는 안동 김씨로 이뤄진 조정의 대신들을 싹 갈아 치운다. 3명의 정승과 6명의 판서도 고분고분하게 구는 사람으로 바꾸었고, 중요 무관도 다 새로 임명했다. 왕권을 위협할 싹들을 미리 싹둑싹둑 잘랐으니 대단히 치밀한 야심가였다.

대원군은 좋은 일도 많이 했다. 조선조 후기의 대표적인 당파인 노론과 소론, 남인과 북인을 4색 당파라고 하는데(안동 김씨는 노론이었다), 이들 중 오랫동안 벼슬길에 오르지 못하고 숨죽이며 살던 소론과 남인, 북인 가운데 능력 있는 자들을 뽑아 벼슬을 주었다. 출신 지역이나 신분, 집안을 묻지 않고 인재를 골고루 뽑아 썼다. 소매가 긴 도포나 넓은 바지를 입으면 게을러진다 하여 짧게 줄여 입으라고 했고, 긴 두루마기 대신 마고자를 입게 하는 등 복식도 개선했다. 부정을 저지른 관리에게는 엄한 벌을 주었다.

또한 관리들이 창고 안에 있는 곡식을 빼돌리지 못하도록 창고 곡식의 양을 조사하게 했다. 아들을 군대에 못 보내는 집에서 세금으로 내던 옷감인 군포軍布는 그동안 평민들만 냈는데 호포戶布란 이름으로 바꾸어 양반집에서도 징수했다.

"내 아들이 임금이 된 후 첫 번째 맞이하는 생일이 다가오고 있다. 전국의 죄수들을 모두 조사하여 억울한 이들을 곧바로 풀어 주도록 하라."

대원군의 이 정책이 발표되어 생일날 바로 시행되자 서원書院에서 공부하는 유생들이 반대 상소문을 연달아 대궐로 올렸다. 조선조의 참 특이한 조직체인 서원은 선비들이 모여 스승을 모시고 공부도 하고, 존경하는 선비를 제사하던 향촌 자치 기구였다.

"죄수들이 형을 다 살지 않았는데 그렇게 내보내면 나라의 기강이 어지러워집니다. 다시 잡아들여 형기를 마저 채우게 해야 합니다."

공자 왈 맹자 왈 책 펴놓고 공부하던 유생들이 반대하니까 자존심이 센 대원군은 노발대발했다. 상소를 올린 유생들의 대표를 당장 귀양 보냈다. 평민들은 대원군의 이런 결정을 마음에 들어 했다.

'이 기회에 본때를 보여 다시는 나의 정책 시행을 함부로 반대하는 유생이 없도록 해야겠다.'

대원군은 유생들의 공부방인 서원들도 되도록 다 없애 버리기로 마음먹는다. 일은 하지 않고 서원에 모여 책을 읽으며 나랏일에 불평하고 집단행동을 하는 유생들이 대원군으로서는 눈엣가시였다.

서원을 많이 없앤 것은 사실 대원군이 한 좋은 일 중 하나라고 할 수 있다. 하지만 유학자인 최익현은 여기에 대해 불만을 품고 또다시 고종에게 대원군을 비난하는 상소문을 올린다. 이래저래 최익현과 대원군은 원수지간이 되어 갔다.

대원군과 명성황후의 대결

대원군은 아들이 임금이 된 지 3년이 되자 장가를 들게 할 요량
으로 참한 규수를 찾았다. 고려 때나 조선조에 와서나 왕비의
친척들이 권세를 휘둘러 국정을 그르친 경우를 대원군은 잘 알
았다. 그래서 세력이 그리 크지 않은 집안에서 왕빗감을 구하
겠다고 마음먹고는 은밀히 조사에 들어갔다.

　대원군은 아내이자 고종의 친어머니인 여흥부대부인 민씨
의 친척 민치록이란 사람의 딸을 택했다. 민치록은 이미 별세
했고 아들도 없어 집안이 보잘것없다고 여겼다. 그렇게 해서
왕비가 된 명성황후(이 호칭은 1897년 고종의 대한제국 선포 이후
부터 쓰게 되지만, 일제가 오직 민비라고 썼기에 구태여 이 호칭을
쓴다)는 당시 16세로 고종보다 한 살이 많았다.

　명성황후는 경기도 여주의 시골에서 어린 시절을 보냈기에
보통사람들의 살림살이에 대해 잘 알고 있었다. 게다가 무남
독녀로 자라다 8세 때 부모를 여의고 친척들 손에 키워져서인
지 눈치가 빠르고 생활력도 여간 강하지 않았다. 얌전한 시골
처녀라기보다 보통내기가 아닌 억센 성격의 여성이었다.

　지금껏 남아 전해지는 사진을 보면 명성황후는 여성스럽다
기보다는 고집이 센 인상이다. 청순가련형이 아니라 '굳세어라

명성황후의 모습이라는 사진은 많지만 확실한 것은 없다. 이 사진도 그중 하나다. 인상을 찡그리고 있는 것이 당시의 불편한 심기를 말해 주는 듯하다. 독일인 사진작가 테리 베닛이 소장하고 있었고 '시해된 왕비'라고 사진에 적혀 있어 명성황후일 확률이 가장 높은 사진이다.

금순아' 형이어서 그랬는지 명성황후는 고종의 사랑을 별로 받지 못했다.

게다가 대원군과 명성황후, 즉 시아버지와 며느리는 나중에 아주 날카롭게 대립하게 된다.

명성황후는 혼인한 지 5년 만에 아기를 가졌다.

"중전마마께서 회임을 하시다니!"

"궁궐 생활이 따분한지 얼굴에 수심이 가득했는데 요즘에는 자주 웃으시기도 해요."

궁녀들은 큰 경사가 났다고 다들 좋아하고 오랜만에 신하들 얼굴에도 기쁜 빛이 어렸다. 명성황후도 자기가 왕자를 낳으면 떳떳하게 왕비 노릇을 할 수 있으리라는 기대감에 출산일을 꼽으며 하루하루를 즐거운 마음으로 보냈다.

"이럴 수가! 왕자님에게 항문이 없다니!"

갓 태어난 아기를 씻기던 궁녀가 소스라치게 놀랐다. 항문이 없는 기형아였던 것이다. 외과수술만이 아기를 살릴 수 있는 유일한 길인데 잘못 수술해 왕자가 죽게 되면 그 책임이 고스란히 자기한테 돌아오므로 의원들 중 누구도 수술하겠다고 나서는 사람이 없었다.

"전하, 이런 경우는 《동의보감》에도 안 나와 있으니 어떻게 해야 될지 모르겠습니다."

다들 책임을 지지 않으려 들었다. 그때는 산삼이 만병통치약으로 통한 시절이었다. 대원군이 의원들에게 명령을 내렸다.

"빨리 산삼을 구해 달여 먹이도록 하시오."

그러나 신생아는 산삼을 먹고 열이 펄펄 오르더니 이틀 만에 죽고 만다. 태어난 지 닷새 만이었다. 죽은 아기를 끌어안고 엉엉 우는 모성은 명성황후라고 해서 예외가 아니었다.

'흥, 대원군은 사사건건 내가 안 되는 쪽으로만 일을 하는구

나. 저 영감이 나를 왕비로 만들어 준 것도 아닌데 …. 여흥부
대부인이 나를 적극 추천해서 왕비가 된 것을 내 잘 알지.'

명성황후와 대원군이 원수지간이 된 것은 이보다는 사실 다
른 일 때문이었다. 명성황후가 아기를 잃고 나서 그리 오래지
않아 생긴 일이다.

고종은 본부인인 명성황후에게는 정을 주지 않고 궁녀 이씨
를 사랑하여 그 궁녀와의 사이에서 완화군이 태어난다. 대원
군과 고종이 이 완화군을 왕위를 이을 세자로 책봉하려고 하자
명성황후는 대원군을 더더욱 미워하게 되고 이 감정은 평생을
간다.

나중에 궁녀 이씨와 완화군은 알 수 없는 이유로 죽는다. 명
성황후가 두 사람의 죽음에 개입했을까? 증거가 없으니 뭐라
고 단정할 수 없지만 명성황후가 대단히 강한 성격의 소유자였
던 것으로 보아 일말의 의구심을 떨쳐 버릴 수 없다.

이 일 이후 명성황후는 스스로 세력을 키워 대원군에 대항하
고자 양오빠 민승호 등 민씨 세력, 왕가의 큰 어르신인 조 대비
를 중심으로 한 풍양 조씨 세력, 대원군에게 무시된 대원군 문
중 내부의 세력, 대원군의 정책에 반대하는 노론 중심의 유학
자 세력 등에게 특별히 잘 대해 주고 갖은 호의를 베풀면서 자
기편으로 만들었다. 명성황후 또한 대원군 못지않게 치밀한

계획성을 가진 인물이었다.

이렇게 대원군과 명성황후가 으르렁대는 틈바구니에서 최익현이 때마침 '시폐 4조'라는 상소문을 올렸으니 명성황후로서는 용기 있는 젊은 관리 최익현을 자기 세력으로 끌어들이고 싶은 것이 당연했다.

신미양요 승리와 서원의 철폐

병인양요가 있던 1866년, 온 나라를 뒤흔드는 또 하나의 사건이 일어났다. 미국의 상선 제너럴셔먼호가 대동강을 타고 올라온 것이다. 이 배에는 미국인 5명이 타고 있었고, 동양인 19명을 고용하고 있었다. 미국인들은 평양 시민들에게 비단·자명종 등을 보여 주며 쌀·사금·홍삼·호랑이 가죽 등과 교역하자고 제의했다. 조선은 물과 음식물은 제공하겠지만 교역은 싫다고 거절했다.

불어난 대동강 물이 빠지자 제너럴셔먼호는 양각도 서쪽 모래톱에 선체가 걸려 움직일 수 없게 되었다. 그러자 불안에 휩싸인 셔먼호의 승무원들은 삿대질을 하며 소리치는 새까만 얼굴을 한 사람들 앞에서 벌벌 떨었다. 불안과 공포는 위력 시위로 이어졌다. 알아들을 수 없는 말을 하며 소리치는 사람들에게 대포를 발사하는 등 무력을 보여 주는 과정에서 평양 사람 7명이 죽고 5명이 다치는 인명 피해가 일어났다.

이에 분노한 관군과 백성들이 힘을 합쳐 심야에 배를 습격해 24명 선원을 몽땅 죽이고 배를 태워 버렸다. 이 사건을 진두지휘한 이는 평안관찰사 박규수였다. 이 사건을 미국은 어떤 방법으로든 조사하고 해결하고자 했다. 제너럴셔먼호의 행방을 찾아내는 것은 미군이 해야 할 일 중 하나였다.

제너럴셔먼호 사건이 발생하고 병인양요 이후 프랑스 군대도 물러간 지 5년 뒤인 고종 8년(1871) 4월 어느 날이었다. 이번에는 미국의 그랜트 대통령이 청나라에 있는 로F. F. Law 공사公使에게 이렇게 전문을 보냈다.

"조선과 통상조약을 체결하고 오시오. 청나라와 무역을 하려면 조선 연해를 지나가지 않을 수 없소. 조선과 무역협정을 체결하지 않으면 앞으로 곤란한 문제가 생길 것이오. 군함을 끌고 가 위협하면 조선 같은 작은 나라야 겁을 집어먹고 얼른 문호를 개방할 겁니다."

대통령의 명을 직접 받은 로 공사는 미국의 아시아 함대 사령관인 존 로저스John Rodgers 해군 소장을 부추겨 조선 침략의 길에 나선다. 로저스 제독이 끌고 나타난 군함 5척에는 1,230

초지진 상륙을 위한 작전회의를 주재하고 있는 로저스 제독(앉아 있는 이 중 오른쪽)

명의 병사가 승선했고, 함대는 모두 80문의 포를 갖추고 있었다. 미국의 병력은 한눈에 보아도 대단했다.

미국 군함이 강화도 앞바다에 나타나 왔다 갔다 하자 조정에서는 사신을 보내 그들에게 방문 이유를 물어보았다.

"미국은 왜 평화롭게 고기를 잡고 있는 이 나라 어부들이 놀라게 군함을 보낸 것이오? 강화도 초병들이 놀라서 연락을 해왔는데, 도대체 군함을 보낸 이유가 무엇이오?"

"청나라는 우리와 무역을 하며 잘 지내는데 청을 섬기는 조선은 왜 우리를 무시하는 거요?"

로저스 제독은 통상을 위해 왔다고 했지만 병인양요(1866)

때 혼이 난 조선의 조정에서는 대신들이 이구동성異口同聲으로 무역이고 통상이고 다 싫으니 그냥 돌아가 달라고 의견을 모았고, 이것은 그대로 전달되었다.

이제 로저스 제독은 무력으로 조선에 들어오는 수밖에 없었다. 대통령이 직접 명령을 내린 일이었다. 게다가 동아시아 끄트머리에 있는 작은 나라와 통상을 하자고 손을 내밀었는데 거절을 당했으니 자존심이 상할 대로 상했다.

강화도 광성진은 서울로 가는 중요한 길목이어서 여기가 뚫리면 서울로 한달음에 진격할 수 있었다. "여기를 지나갈 수는 없다"는 관헌의 경고에도 불구하고 미군 군함 2척이 광성진廣城鎭을 지나 올라가기 시작했다. 싸움은 이제 일촉즉발, 위기일발의 상황이었다.

해안 초소에서 미국 군함을 향해 포를 쏘았지만 우리 대포는 성능이 별로 좋지 않아 미군의 배에 닿기도 전에 바닷속으로 곤두박질치기 일쑤였다. 반면 신식 대포를 가진 미군의 화력은 위협적이었다. 배에서 함포 사격을 시작하자 초지진草芝鎭이 순식간에 불바다가 되었다.

초지진을 간단히 제압한 미군은 이어서 덕진진德津鎭으로 진격해 갔다. 이곳을 지키던 우리 관군은 '걸음아 날 살려라' 하고 광성보廣城堡 쪽으로 도망쳤다. 미군은 피 한 방울 흘리지

광성보에 있는 누각 안해루(按海樓)

않고 덕진진을 점령하고는 광성보를 향해 맹공을 퍼부었다.

광성보에서 맞붙은 두 나라 군인의 무기는 하늘과 땅 차이였다. 대포의 위력이나 사정거리도 달랐지만 조선의 총은 쏜 다음 화약을 다시 넣고 총알을 장전한 뒤 심지에 불을 붙이고, 이 불이 한참 타들어 가서 화약에 붙어야 비로소 총알이 발사되는 구식 총이었다. 하지만 미군의 총은 방아쇠만 당기면 총알이 바로 나가는 신식 총이었으니 도저히 미군을 당해 낼 재간이 없었다.

광성보 전투에서 미군 전사자가 3명, 부상자가 10명이었는데, 조선의 군인은 350명이 전사하고 20명이 부상을 당했다. 이 전투로만 보면 끔찍한 참패였다.

광성보 전투에서 전사한 우리 쪽 병사들의 주검

광성보 전투에서 아군의 수자기(帥字旗)를 노획해
함상에 걸어 놓고 부동자세를 취한 미군 병사들

이렇게 되자 우리 쪽이 택한 것은 야간 기습 작전이었다. 육지에 들어와 있는 미군을 밤마다 습격해서 잠을 못 자게 괴롭혔더니 결국은 지쳐서 배로 돌아갔다. 한양으로 진격해 들어가겠다는 미군의 작전은 수포로 돌아갔다. 로저스 제독은 이런 사항을 본국에 상세히 보고하고는 뱃머리를 돌렸다.

우리는 전투에서는 패했지만 전쟁에서는 결국 승리한 셈이었다. 미군은 통상을 포기하고 청나라로 되돌아갔다. 이것을 신미양요辛未洋擾라고 한다. 신미년에 일어난 서양의 침략이라는 뜻이다.

미국이 이렇게 우리나라를 정식으로 침략한 적이 있었다는 것을 역사의 아이러니라고 해야 할까. 일제의 무조건 항복으로 태평양전쟁이 끝나면서 광복을 맞이한 뒤 미군정이 실시되었다. 이후 미국은 우리의 든든한 우방이 되어 왔지만 1871년 신미양요 때는 조선을 이렇게 괴롭혔던 것이다.

이런 일들이 이어지자 대원군은 외국의 통상 요구에 넌더리가 났다. 그래서 1871년에 다음과 같이 글자를 새긴 비를 전국 각지에 세운다.

양이침범비전즉화주화매국洋夷侵犯非戰則和主和賣國

'서양 오랑캐가 쳐들어오는데 싸우지 않는다면 화친을 맺는 것이요, 화친을 주장하는 것은 나라를 팔아먹는 짓이다'라는 뜻이다. 다른 나라와는 통상이나 교역을 절대로 하지 않겠다는 대원군의 쇄국정책鎖國政策이 새겨진 이 비석이 바로 '척화비 斥和碑'였다.

척화비.
문장 옆에 "우리들 만대 자손에게 경고하노래! 병인년에 짓고 신미년에 세운다(戒我萬年子孫 丙寅作 辛未立)"라는 문구가 작은 글자로 새겨져 있다.

대원군의 쇄국정책은 나라의 발전을 가로막은 원죄 같은 것으로 평가되고 있고 그것이 사실이기도 하다. 그러나 그 당시의 사정을 잘 살펴보면 통상을 요구하면서 침략에 가까운 짓을 한 서구 열강의 위압적인 자세에도 문제가 있었다.

대원군은 죽은 조상을 섬기는 대신 하느님을 섬기는 천주교도 마음에 들지 않았고, 무역을 하자고 하면서 결국 청나라를 무릎 꿇게 한 서구 열강도 미웠다. 그래서 나라의 문을 굳게 닫는 정책을 세워서 밀고 나갔는데, 그것이 결국은 우리나라의 발전을 가로막은, 혹은 늦춘 일이 되고 말았다.

전쟁의 과정이야 어떻든 간에 영국과 함께 중국을 무릎 꿇게 한 프랑스의 함대와 세계 최강국이라는 미국의 함대가 침략해 왔는데 우리 관군이 이들과 전투를 벌여서 물리친 셈이었다. 우리 측 피해가 훨씬 많았지만 하여간에 외국 군대의 침략을 물리친 것이므로 승리로 간주할 만했고, 대원군의 통치력이 대외적으로 입증된 셈이었다.

전쟁의 승리자로서 대원군의 콧대는 더욱 높아졌다. 자신만만해진 대원군은 이 기회에 몇 년 동안 골치를 썩인 서원을 철폐하기로 마음먹는다.

조선왕조에서 선비들은 대체로 과거시험을 통해 벼슬아치가 되었다. 벼슬아치들은 위로는 임금을 보필하고 아래로는 백성을 다스렸지만 때로는 왕권을 위협하면서 자신의 세력을 유지·확대하기도 했다. 이러한 선비들이 공부하는 일종의 사설학원이 서원이었다.

임금의 정치적 행동에 문제가 있으면 서원을 중심으로 끼리끼리 뭉친 양반들이 들고일어나 반대하기 일쑤였다. 서원이 점차 권력집단이 되고 있던 터라, 나라를 다스리는 데 방해가 된다는 대원군의 문제의식이 틀리지만은 않았다.

사실 그 무렵 서원에서는 선비들이 고인이 된 학자들에게 제사를 지내야 한다면서 봄가을로 인근 주민들에게 재물을 바치라고 종용했다. 또한 가난한 선비들이 모여서 공부하니 후원금을 내라고 하고, 서원을 고치는 일에도 인근 주민에게 비용을 대게 하는 등 행패가 여간 심하지 않았다.

죄 지은 사람들로부터 돈을 받고서 서원에 숨겨 주는 일도 있었다. 이런 곳을 치외법권治外法權 지역이라고 하는데, 지금의 경찰서장 격인 포도대장도 서원에는 발을 들여놓지 못했으니 서원의 위력이 얼마나 컸는지 짐작이 가능하다. 또한 세금은 국가가 거두는 것인데 서원이 자체적으로 그 일까지 하는 등 조정 관리의 업무까지 침범하기도 했다. 이처럼 서원이 권력집단이 되자 군포를 내지 않으려고 서원에 노비로 들어가는 이들까지 생겨났다.

충청도 청주의 화양서원은 사색당파 중 힘이 가장 센 노론의 우두머리인 송시열宋時烈을 섬기는 곳으로, 서원 중에서도 규모가 특히 컸다. 이 서원에서는 '묵패'라는 것을 만들어 인근 주민들에게 돌렸는데, 이 창호지 조각을 내밀고 돈을 내라 하면 누구든 이에 따라야 했다. 만일 그 말을 거역하면 붙잡혀 가서 뭇매를 맞아야 했기에 울며 겨자 먹기로 내지 않으면 안 되었다.

화양서원 옆에는 만동묘萬東廟라는 사당이 있었다. 우리나라 사람도 아닌 중국 명나라 임금 신종과 의종의 위패를 모셔 둔 곳인데, 화양동에 찾아오는 양반들은 누구나 만동묘에 가서 참배를 해야 했다. 대원군은 젊은 시절에 화양동에 놀러 갔다가 그곳에 참배하지 않는다고 따귀를 맞으며 혼쭐이 난 일이 있어서 노론 - 송시열 - 화양서원 - 만동묘에 대해서 해묵은 감정이 있었다. 서원 철폐를 결정한 바탕에는 이렇게 대원군의 개인적인 원한도 포함되어 있었던 것이다.

대원군은 부정부패의 온상이라고 여겨지던 서원 650개 중 47개만 남기고 모두 없앴다. 아무리 대원군의 권력이 셌다고 하지만 전국에 있는 서원 대부분의 문을 일시에 닫게 한 힘은 어디에서 나왔을까?

다시 말하거니와 병인양요에 이어 신미양요에서도 승리했

화양서원

만동묘

기 때문이다. 외국 군함 몇 척을 물러가게 한 것에 지나지 않지만 신식 총을 가진 외국 군대와 싸웠고, 또 더 이상 조선을 괴롭히지 않게 물리쳤다는 사실은 글만 읽던 선비들에게는 큰 위협이 되었다.

대원군은 좋은 일도 했지만 임진왜란 때 불타 버린 경복궁을 다시 짓기 위해 무리하게 돈을 끌어모으는 과정에서 백성들에게 큰 원망을 샀다. 서원 철폐는 이렇게 잃어버린 인기를 백성들로부터 회복하기 위한 일종의 작전이기도 했다. 양반들이야 당연히 반대하겠지만 이 일을 강행하면 경복궁 공사에 동원되어 피와 땀을 흘렸던 백성들은 대원군의 결단력에 다시금 큰 박수를 보낼 것이라고 예상했다.

고지식한 최익현은 이런 대원군을 마구 비판하는 상소문을 썼으니, 대원군으로서는 최익현이 이 나라 전체에서 제일 미운 자였다. 세월이 한참 흐른 뒤에 대원군이 고종에게 최익현을 불러와 나랏일을 맡기라고 적극 추천하는 일이 일어나니, 이 또한 역사의 아이러니다.

막강한 권력을 가졌던 대원군이 정치를 못 하게 된 것이 최익현의 상소문 한 장 때문이었다는 사실 또한 놀랍다. 신하가 쓴 글 하나가 어떻게 나라의 모든 일을 좌지우지하던 대원군을 하루아침에 권좌에서 끌어내릴 수 있었을까?

계유상소와 대원군의 몰락

명성황후는 아주 영리한 왕비였다. 양반들 중에서 자신의 말을 들어줄 사람을 하나둘 불러 모아 벼슬이나 선물을 주면서 대원군과 맞설 만큼 세력을 키워 나갔다. 그 세월이 10년이나 걸렸다.

명성황후는 백성들로부터 지지를 많이 받는 최익현을 자기 사람으로 끌어들이면 큰 힘이 될 것임을 알았다. 그래서 고종을 움직여 최익현에게 승정원 동부승지, 돈령부 도정, 동부승지 같은 높은 벼슬을 주었다.

최익현은 이런 벼슬을 받았지만 권세를 행사한 적은 별로 없었다. 힘센 외국은 호시탐탐 우리나라를 삼키려고 노리는데 시아버지와 며느리의 세력 다툼으로 정국이 어수선한 꼴이 보기 싫어 이 핑계 저 핑계를 대며 한양으로 가지 않고 고향에서 책을 읽으며 지냈다.

최익현이 친구들에게 쓴 편지를 보면 그가 서원의 잘못을 인정하고, 개혁의 필요성 또한 충분히 느꼈음을 알 수 있다. 하지만 잘 운영되는 서원까지 한꺼번에 없애는 것을 반대하는 입장이었다.

"선비들이 공부하는 학교를 다 없애면 되겠나? 서원에 문제가 있다면 그것을 해결하려 애써야지 서원을 없앤다고 되겠는가?"

최익현은 이러한 인식에서 서원을 없애는 것이 능사가 아니니 문제점을 고치는 선에서 해결을 해주십사 하는 내용으로 상소문을 올리기로 했다. 동부승지에 임명해 주신 임금님께 감사를 드리지만 그 업무를 수행하지 않는 이유가 바로 여기에 있다고 하면서, 다음과 같이 국정 전반의 문제점에 대해 대원군을 겨냥하여 또다시 쓴소리를 했다. 그 해가 1873년이었다.

조정에서는 지금 속된 논리가 자행되고 정의는 소멸되며, 아첨하는 사람이 뜻을 얻고 곧은 선비는 물러가며, 세금 거듭이 쉴 새 없어 백성들이 짓밟히고 있습니다. 윤리와 기강이 무너져서 사기가 떨어지고 있고, 공정함을 요구하는 자를 괴이하다, 과격하다고 하고, 개인 욕심을 내는 이들이 득세하고 있습니다.

이 상소문의 핵심은 대원군의 일벌백계一罰百戒식 서원 철폐는 문제가 있다는 것이었다. 최익현은 이 상소문을 경기감사 김재현에게 주면서 고종에게 전해 달라고 부탁했는데 김재현이 이를 미리 뜯어봄으로써 큰 소동이 일어난다.

고종에게 올리는 상소문이지만 읽어 보니 대원군을 강하게 비판하는 내용인지라 김재현은 대원군에게 아부하려는 마음에서, 또 대원군을 존경하는 마음을 갖고 있던 터라 이 상소문을 냉큼 운현궁에 있는 대원군에게 갖다 주었다. 당시 권력이 임금인 고종에게 있지 않고 대원군에게 있는 것을 알고는 대원군에게 달려가 고자질한 것이다.

"최익현! 눈엣가시 같은 놈이로고! 일전에도 나를 비방하는 상소문을 써 내 자존심을 짓밟더니 또 이런 글을 써? 최익현을 당장 입궐시켜라!"

대원군이 땅바닥에 팽개친 상소문을 집어 들고 경복궁으로 돌아온 김재현은 겁을 집어먹은 나머지 그 상소문을 공개해 버린다. 상소문 자체가 논란이 되면 자신의 고자질은 허물이 안 될 거라는 계산에서였다.

아니나 다를까, 사람들이 최익현의 상소문을 너나없이 베껴 씀으로써 이 상소문은 금세 지방으로까지 전파되었다. 겨우 보름 만에 전국의 양반 중에서 이 상소문을 안 본 사람이 없을 정도였다. 어린 고종의 아버지라는 이유로 고종을 손에 쥐고 흔드는 대원군에게 정면으로 도전한 이가 최익현이라는 사실을 양반 치고 모르는 사람이 없게 되었다.

대원군은 최익현을 불러다 놓고 고래고래 호통을 쳤다.

"네 이놈! 네가 나와 무슨 원수를 졌기에 내가 하는 일마다 걸고넘어지느냐!"

최익현은 고개를 푹 숙였다. 화난 사람을 공연히 건드렸다간 화만 부추길 것 같아서였다.

"정의는 소멸되었고, 아첨하는 사람이 득세한다고? 그동안 내 얼마나 탕평책을 많이 썼는지 너도 잘 알지 않느냐! 나라의 윤리와 기강이 무너져서 백성들의 사기가 땅에 떨어졌다고? 내가 잘못된 정치를 하고 있다는 소리지 않느냐. 아니 이놈아! 네가 뭘 안다고 임금과 나를 능멸하느냐!"

아무리 고함을 지르며 씩씩거려도 묵묵부답, 반응이 없자 대원군은 고개를 절레절레 흔들며 최익현을 물러가게 했다.

"두고 보자. 네놈이 날 찾아와 싹싹 빌 날이 반드시 올 것이니."

부자지간인 대원군과 고종은 그 당시 어떤 사이였을까?

1873년 당시 고종의 나이 어느덧 22세가 되었는데 아버지가 임금인 자기를 계속 뒷전에 앉히고 국정을 좌지우지하니 아무리 아들이라도 불만이 쌓이는 것은 당연했다. 대원군을 미워하는 왕비도 이제는 당신이 나서서 임금 노릇을 좀 하라고 매일같이 부추겼다.

그러던 터에 최익현이 이러한 상소문을 올렸으니 고종과 명성황후 모두가 바라던 바였다. 대원군의 호된 꾸지람이 있었지만 최익현은 오히려 이 상소문 덕분에 우부승지로 승진했다 가 고종의 특명으로 호조참판에까지 임명된다.

고종은 몰래 편지를 써 최익현에게 전한다.

"그대의 상소문은 실로 충성심에서 나왔고 또 나를 깨우쳐 주었으니 가상하다. 호조참판으로 임명하노라. 그대의 정직하 고 충직한 말에 딴소리하는 자가 있다면 내가 혼을 내줄 것이 다."

그런데 이렇게 고속 출세를 하는 최익현을 미워하는 사람들 이 있었다. 특히 대원군의 추천으로 정승 몇 사람을 낸 남인 세 력은 최익현을 노골적으로 민노閔奴(명성황후의 노예라는 뜻)라 고 부르며 미워했다. 이들이 임금에게 올린 상소문 중에는 "최 익현이 엉뚱한 말을 하여 나라의 기강을 문란케 했습니다"라는 내용이 있었다.

몇몇 사람은 최익현의 상소문이 아버지와 아들 사이를 멀어 지게 하였고, 이는 부모를 잘 섬기는 것이 자식의 도리라는 동 양의 윤리관에 어긋난다고 썼다.

최익현은 공개된 이런 글을 읽고 분통을 터뜨렸다. 그래서 다시 상소문을 썼다. 호조참판이라는 벼슬을 받게 되었지만 물러날 수밖에 없다고 하면서 서원의 복구, 경복궁 토목공사 의 중지, 원납전 기부 중지 등을 다시금 주장하는 내용이었다.

이에 덧붙여 최익현은 대원군이 임금의 아버지일 뿐 그 어떤 지위도 갖지 않으므로 국정에 참여할 권한이 없다고 썼다. 이번에는 대원군을 직접 거론했으니 정말 대단한 용기였다. 대원군에게는 명칭만 높은 지위를 하나 만들어 주고 지금보다 더 높은 보수를 주되 국정에는 일절 간여하지 말게 해야 한다고도 썼다. 무소불위의 권력을 가진 대원군에게 일개 신하가 공개적으로 결투를 신청한 셈이다.

그러자 고속 출세를 하는 최익현을 시기하던 자들과 대원군에 의해 발탁된 자들이 들고일어났다. 그들은 상소문의 내용이 과격하고 임금에게 방자한 태도를 취하고 있다면서 문장 하나하나를 예로 들며 따졌다. 최익현을 벌주어야 한다고 여러 사람이 한꺼번에 상소문을 올려 한바탕 난리가 났다. 고종이 모종의 결단을 내릴 시점이 된 것이다.

그 당시 대원군과 명성황후 사이가 극단적으로 안 좋았으므로 어찌 보면 두 사람이 싸우고 있는 판에 최익현이 뛰어들어 명성황후의 대변인 역할을 해준 셈이었다. 고종은 중립적인 듯했지만 사실은 아버지의 간섭에 넌더리를 내며 이제나저제나 아버지가 물러나기만을 기다리던 참이었다.

'옳지, 잘됐다. 고양이 목에 방울을 달아 줄 사람이 없나 기다리던 참에 역시 최익현이 나서 주는군. 이 기회에 최익현의 말대로 아버지에게 정치 개입은 그만 좀 하라고 말씀드리자. 그가 쓴 상소문을 사람들이 다 읽도록 공개하면 내가 하고 싶은 말을 그가 대신한 셈이 되겠지. 하지만 최익현 편을 들어 주면 아버지가 발탁한 대신들이 그냥 있지 않을 거야. 최익현에게 벌을 주자는 대신들의 말을 일단은 존중해 주는 척하자.'

아버지 밑에서 산전수전 다 겪으면서 임금 노릇할 기회를 노리던 고종은 이때다 하고는 대원군의 정계 은퇴 발표와 최익현의 제주도 귀양 보내기, 2가지 일을 동시에 결행한다. 대원군을 물러나게 하면서 최익현에게 벌을 주면 어느 쪽의 불만도 사지 않을 것이라 예상했고 이는 사실상 그가 쓸 수 있는 최선의 방책이었다.

이로써 대원군의 10년 권력이 하루아침에 무너지고 고종의 정치가 시작되었다. 고종은 그날부터 아버지가 아예 궁궐에 들어오지도 못하게 막았다.

대원군은 아침에 출근하듯이 자신의 거처인 운현궁에서 경복궁으로 갔다. 경비병이 나서서 가마를 막아섰다.

"어명이오. 폐하께서 오늘부터는 대원군 나리를 궁에 들이지 말라고 명하셨습니다."

대원군은 자식에게 심한 배신감을 느꼈지만 입맛을 쩝쩝 다시며 궐문 앞에서 돌아설 수밖에 없었다.

'순전히 내가 애를 써서 저를 임금으로 만들어 줬는데 이럴 수가 있나. 아, 나의 시대가 이렇게 가고 마는가.'

하지만 대원군은 9년 뒤인 1882년, 임오군란壬午軍亂이 일어 나자 불사신처럼 권좌로 돌아온다.

도끼 들고
상소문 올리다

유배지 제주도로 가는 길

고종은 최익현을 귀양 보내고 싶은 마음이 조금도 없었다. 자신의 앞길을 가로막는 장벽이었던 아버지를 이빨 빠진 호랑이로 만들어 준 이가 바로 최익현이었으니 고마울 따름이었다. 그런데 왜 유배까지 보내게 되었을까?

대원군에게 벼슬을 받은 이른바 '대원군파'가 최익현의 상소문 중에서 제일 크게 문제 삼은 것은 "정치가 옛 법을 변경했고 인륜이 없어졌다政變舊章彝倫斁喪"라는 여덟 글자였다. 대원군파는 이것이 고종의 덕치德治를 무시한 발언이며 지금 이 시대에 감히 인륜이 없어졌다는 상스러운 말을 하고 있으니 최익현을 용서하면 안 된다고 하며 상소문으로 연일 맞받아쳤다.

최익현의 상소문에 담긴 큰 뜻은 무시되고 말꼬리만 잡고 늘어졌으니 참으로 치사한 노릇이었다. 유교 국가에서 부자지간을 멀어지게 한 잘못도 크다면서 이들 일파는 교대로 상소문을 올리며 난리를 쳤다. 대원군을 쫓아낸 장본인이 최익현이므로 그를 벌줘야 한다는 의식이 이들의 머릿속에 꽉 차 있었다. 그 스승에 그 제자 아니랄까봐 대쪽 같은 최익현 때문에 고생해 온 몇몇 관리는 상소문 답지에 내심 고소해 했다.

최익현이 저지른 표면상의 죄는 1988년 폐지된 '국가모독죄'

와 비슷한 것이었다. 임금이 정치의 정점에 있는데 현 정치가 옛 법을 변경하는 잘못을 했다고 하고 (임금이 잘못하여) 인륜이 없어졌다고 했으니, 최익현의 상소문은 겉으로는 대원군을 비난하지만 속으로는 임금을 비난하고 있다는 것이 대원군파의 일치된 주장이었다.

최익현은 의금부 옥에 일단 갇히게 되었다. 옥에서 곰곰 생각해 보니 기가 막힌 일이었다. 고종을 욕되게 하는 말은 한마디도 안 했지만 조정 대신들이 그렇다고 우기니 그렇게 되어 버린 이 나라의 정치 상황이 한심스러웠다.

고종은 눈만 뜨면 최익현을 벌주라는 상소문을 지겹게 봐야 했다. 그러니 정황상 최익현을 귀양 보내지 않을 수 없었다. 고종은 일단 상소문 파동을 잠재우고자 그를 제주도로 유배 보내는 벌을 내렸다. 제주도는 겨울에도 날씨가 그다지 춥지 않고 귀양지 중에서 그나마 가장 지내기 편한 곳이었다.

하루는 옥졸이 와서 소리쳤다.

"죄인은 삼목 낭두를 받으라!"

삼목 낭두는 세 개의 형틀과 한 개의 자루였다. 목과 손, 발에는 형틀이 채워졌고 자루가 머리에 씌워졌다. 이런 상태로 멀고 먼 제주도까지 가야만 했다.

"최익현 선생이 의금부 옥을 나서서 지금 숭례문 쪽으로 가고 계신대."

"면암 선생이 한강을 건너 과천 쪽으로 가고 계신다는데."

밤을 새워 배로 한강을 건너는데 눈보라가 휘몰아쳤다. 가마 한 채를 세내어 급히 남태령 고개를 넘고자 했다. 정해진 기한 내에 제주도에 당도하지 않으면 죄인이 또 다른 벌을 추가로 받는 것이 당시의 법이었다. 호송하는 관리들도 마음이 다급했다.

그때 최익현의 나이는 고작 40대 초반이었는데 인기가 정말 대단했다. 그가 제주도로 귀양 가기 위해 옥문을 나섰다는 소식이 전해지자 얼굴이라도 한 번 보겠다고 지나는 곳마다, 쉬는 곳마다 사람들이 몰려들었다. 행인들의 요청에 따라 머리에 씌워진 자루가 벗겨졌다.

남태령을 넘어 과천에 당도하니 장남 영조가 울면서 아버지를 맞이했다.

"아버님! 부디 몸 성히 돌아오십시오."

"영조야, 울지 마라. 내 없는 동안 할아버지 잘 봉양하고 글을 부지런히 읽어야 한다."

수원에서는 판관 정광시가 점심을, 천안에서는 군수 이항신이 아침을 대접했다. 유관오라는 유생이 돈 서 냥과 약 열 첩을 보냈고, 태인에서는 현감 조중식이 점심을 대접했다. 정읍에서는 현감 장복원이 3번이나 아전을 보내 안부를 물었다.

현직관리가 죄수에게 이런 대접을 하는 것을 조정에서 알게 되면 크게 문제 삼을 수 있었다. 그런데도 이들이 이렇게 한 것은 최익현이 옳은 일을 했는데도 귀양을 가는 중이고, 조만간 풀려나와 다시 조정에 들어가리라 예상했기 때문이다. 이 기회에 인사를 해두면 나중에 내게 좋은 일이 생길지도 모른다는 계산과, '멋져요, 당신!'이라는 생각에서 나온 행동이었다.

전라도 장성에서는 부사 정선태가 이틀 동안 아침과 저녁을, 나주에서도 갑부 송인옥이 아침과 저녁을 냈다. 유배객이 귀양 가는 길에 이렇게 곳곳에서 환대를 받는 것은 드문 일이었다. 최익현은 어느새 조선 팔도에서 모르는 사람이 없는 유명인사가 되어 있었던 것이다.

고향 친구 이덕순은 돈 50꿰미를 노자로 보내 주었다. 영암 근처의 항구 덕진점에 이르니 집안사람인 경문이 와서 돈 서냥을 내밀었고, 군수 구연식이 아침과 저녁을 냈다. 명망 있는 선비 박노상은 상복을 입고 와서 대화를 청하기도 했다.

지역 주민들은 죄인을 압송해 가는 금부낭청 이원의에게 이런저런 물품을 건넸다.

"최익현 선생과 나눠 드십시오."

어떤 이는 이렇게 말하며 싸 들고 온 고기를 내놓았다. 목을 축이라고 술을 가져오는 이들도 있었다. 한스러운 유배길이 아니라 환송을 받으며 가는 기분 좋은 귀양길이었다. 자기들의 고충을 잘 알고서 대변해 주던, 40대 초반 젊은 나이에 호조참판이 된 최익현의 귀양길에는 이처럼 인심이 훈훈했다.

이진梨津이라는 포구에 이르러 가마꾼들과 헤어지게 되었다. 서울에서부터 960리를 함께 온 가마꾼들이었다. 가마꾼들은 하직을 고하면서 최익현과 헤어지는 것이 서운하여 모두 목을 놓아 울었다.

여기서 최익현이 그 시절에 왜 지방의 관리들과 백성들한테 그렇게까지 큰 인기를 얻었는가를 따져 보고 싶어진다.

그 시대 양반들은 대원군이 뭐라 하면 아무 소리도 못 하고 무조건 복종했는데, 최익현은 조정에서 권력자의 눈치를 보지 않고 소신껏 말한 유일한 사람이었다. 또한 최익현이 임금의 아버지 대원군을 권좌에서 물러나게 한 장본인이므로 그의 용기에 감탄해 마지않았던 것이다.

최익현의 상소문이야말로 이 시대의 가장 바른 소리인데, 그가 제주도로 귀양 가게 되자 모두들 이를 억울하다고 생각했다. 게다가 탐관오리가 득실대던 시대에 관리로서 매사 공명정대하게 일한 것이 이미 지방에까지 알려져 있던 터였다. 따라서 사람들은 최익현의 상소문에 다들 공감했고 임금이 마지

못해 그를 귀양 보낸다는 것을 알았기 때문에 그렇게 융숭한 대접을 한 것이다.

12월, 제주도까지 가는 뱃길에는 바람이 간간이 불어왔다. 하지만 풍랑이 심하지 않아 뱃멀미를 별로 하지 않고 갈 수 있었다.

최익현은 제주도 조천포에 도착한 뒤 제주 관내로 들어가 윤기복이란 사람의 집에 거처를 정했다. 집 주변에 탱자나무 울타리를 치고 바깥출입을 함부로 못 하게 하는 위리안치圍籬安置라는 벌을 받았지만 그것은 형식에 지나지 않았다.

제주목사인 이복희가 와서 위리안치가 되어 있나 살펴본 뒤 도망가지 말라고 자물쇠까지 채우고 돌아갔다. 하지만 전혀 죄인을 다루는 태도가 아니었고 '존경하옵니다. 최익현 나으리'라는 말이 얼굴에 씌어 있었다. 대부분의 유배객은 음식을 자기 돈으로 마련해야 했지만 최익현에게는 관청에서 음식을 모두 대주었다.

최익현이 이렇게 제주도에서 안정된 생활을 하는 동안 서울에서는 그로 인해 계속 논란이 벌어졌다. 그에게 더 큰 벌을 주어야 한다는 파와, 올바른 말을 하는 사람을 등용하지 않고 귀양을 보내서야 되겠느냐는 파로 나뉘어 고종에게 탄원하는 상소문을 경쟁하듯이 올리며 갑론을박甲論乙駁하고 있었다.

해가 바뀌어 최익현은 42세의 한 해(1874년)를 온전히 제주도에서 살았는데, 조정의 싸움을 보지도 듣지도 않고 마음 편히 보낸 기간이었다.

최익현의 제주도 유배 기간 중 당백전과 원납전 같은 과도한 세금이 폐지되었다. 문을 닫은 만동묘를 다시 열어도 된다는 어명도 내려졌다. 그리하여 최익현을 유배시킨 죄목이 하나둘 사라지자 귀양지에서 돌아오게 해야 한다는 여론이 일어났다.

한편 최익현의 제주도 생활은 많은 사람들이 찾아와 위로를 해주어 적적할 틈도 없었다. 제주도에 있는 동안 선생을 찾아온 양반이 한두 명이 아니었다. 충청도에서 맹문호, 최영환이 최익현을 보려고 배를 타고 왔다. 전라도에서 최승현, 박해량, 김효환, 김형배, 안진환, 이필세 같은 이가 역시 제주도까지 와서 최익현을 만나 위로하고 돌아갔다.

43세가 되던 해 봄에 유배가 풀리자 판관 이시현이 와서 집을 둘러싼 가시 울타리를 치워 주었다.

최익현은 제주도를 떠날 날이 가까워 오자 3월 27일, 한라산 구경에 나서 백록담과 천불암 등 제주의 명승지를 두루 살펴보았다.

특이한 것은, 최익현은 제주도에서는 시詩를 거의 짓지 않았다는 점이다. 훗날 가게 되는 유배지 흑산도에서는 고생을 엄

청나게 하면서도 시를 많이 지어 지금까지 전해지는데, 제주
도 유배 때는 시를 별로 짓지 않았다. 시라는 것이 등 따스하고
배부를 때는 잘 안 나오는 것인가.

4월 12일에 배를 타고 제주도를 떠나 전북 태인에 들러 무성
서원武城書院에 참배하고 5월에 집으로 돌아왔다.

무성서원은 지금의 전라북도 정읍시 칠보면 무성리에 있다.
이 서원은 최익현의 먼 조상이기도 한 신라 말의 대학자 최치
원崔致遠의 학문과 덕행을 추모하고 조선 중종 때의 태인현감泰
仁縣監이었던 신잠申潛을 기리기 위해 창건한 서원으로, 지금까
지도 잘 보존되어 있다.

신잠은 조선 초기의 공신이었던 신숙주의 증손자로서 28세
때 현량과賢良科에 급제했으나 바로 그해에 기묘사화己卯士禍로
인하여 파방罷榜되었다. 그 뒤 20여 년간 아차산 아래에 은거하
며 서화에만 몰두하다가 인종 때 다시 복직되어 상주목사尙州牧
使로 있던 중에 죽었다.

그가 태인현감으로 있을 때 고을이 큰 흉년을 만났으나 구활
救活에 나서 많은 사람의 목숨을 구했다. 신잠이 떠나자 그곳의
선비들이 힘을 합쳐 그와 최치원을 함께 기리는 서원을 세웠으
니 바로 그것이 무성서원이었다.

이것은 대원군의 서원 철폐 당시 헐어 부수지 않은 47개 서

무성서원 강당 건물. 가보면 앞마당이 꽤 넓은 것을 알 수 있다.

원 중 하나다. 훗날 최익현은 전북 태인에서 의병義兵을 일으키는데, 이 서원 앞마당에서 봉기를 하자고 일장 연설을 하게 된다. 그러나 그때는 그런 일이 일어날 줄 꿈에도 몰랐으리라.

운요호 사건

최익현이 유배생활을 마치고 고향집으로 돌아와 쉬고 있는데 다시 상소문을 쓸 일이 생긴다. 이번에는 문제의 불씨가 우리 나라를 시시각각 침략해 들어오는 일본에 있었다. 그리고 일본에 할 말을 제대로 못 하는 임금 고종과, 나랏일에 적극적으로 개입하기 시작한 명성황후를 겨냥한 것이었다.

대원군이 권력을 잃자 명성황후는 이제 세상에 무서울 것이 없었다. 명성황후는 왕비로서 어느덧 대원군 못지않게 권력을 쥐고 국정에 알게 모르게 개입하였다. 그런데 명성황후는 군대 지휘권이 없으니 일본의 압박에 대처할 힘이 없었다. 대원군은 프랑스와 미국의 함대를 쫓아 보내고 척화비를 세울 만큼 자존심이 있었다. 하지만 군사력을 동원할 능력이 없었던 명성황후는 자기 자리를 지키기 위해 눈치껏 처음에는 일본에 기대었고, 나중에는 러시아에 의존하였다.

명성황후가 국정을 좌지우지하자 이를 눈치챈 최익현은 노골적으로 말하지는 않았지만 왕비로서 임금을 잘 보필하면 되지 직접 나서서 정치를 하면 곤란하다는 내용이 포함된 상소문을 올린다.

역사상 병인양요(1866)와 신미양요(1871)라고 하는 두 번의 이양선異樣船에 의한 침략에서 우리는 큰 피해를 봤지만 결국 외세를 물리쳤다. 서양의 두 대국이 행한 무력 침공을 우리 군사력으로 물리쳤다는, 자존심 하나는 분명히 세우는 전투를 벌인 것이다. 그렇다면 그 뒤에 빨리 국력을 키워 차후의 외세 침략에 대한 방책을 세워야 했는데 그렇게 하지 못하고 결국 일본의 식민지라는 나락으로 굴러떨어진다.

　일본은 개항開港부터 우리와 달랐다. 미국의 페리 제독이 군함을 몰고 와서 위협하자 거부하지 않고 조약을 맺었다. 일본은 이것이 미국을 비롯한 서양의 선진문물을 받아들일 좋은 기회라고 판단한 것이다. 1854년이었다.

　일본은 그 뒤로 영국·러시아·네덜란드·프랑스 등 유럽 여러 나라와 차례로 통상조약을 맺고 교류를 시작했다. 대포와 총 같은 신식 무기도 입수했고, 이들 나라의 도움을 받아서 곧 무기를 자체적으로 생산했다. 세계정세를 잘 판단하고 군사력을 키워 나가기 시작한 것이다. 게다가 정치적인 변혁이 일어나 1868년 막부 시대를 종식시키고 천황을 정점으로 하는 개혁을 단행하였으니 이것이 앞에서도 말한 메이지유신이다.

　일본은 부국강병富國强兵의 깃발 아래 유럽 여러 나라를 모델로 하여 국가 주도로 자본주의를 육성하고 군대를 키우면서 새 시대를 열었다. 다시 말하거니와 경제적으로는 자본주의를 도입했고, 정치적으로는 입헌군주제를 시작했으며, 사회·문화적으로는 근대화를 추진했다. 대외적으로는 약소국을 침략하여 식민지를 개척할 계획을 세웠다.

　청일전쟁과 러일전쟁에서 승리한 이후 계획은 실행의 단계로 이행되어 갔고, 그 첫 번째 피해를 본 나라가 우리 조선이었다. 힘센 나라들이 모두 제국주의를 표방하는데 우리라고 그러지 말라는 법이 없다는 생각을 한 것이다.

영국은 더구나 해양국가로서 세계를 호령하고 있어서 같은 섬나라인 일본의 롤모델이 되어 주었다. 일본은 영국과 스페인, 프랑스 등이 식민지 개척을 통해 부강한 나라가 되는 것을 보고 이를 적극 본받기로 했다.

정치개혁을 단행한 일본은 미국과 러시아 및 유럽 국가들에게는 고개를 숙이면서 아시아 여러 나라에 대해서는 강압적이고 침략적인 태도를 보이기 시작했다. 일본의 이런 자세는 150년이 지난 지금도 여전하지 않은가?

1875년 4월이었다. 고종 즉위 12년째로, 최익현이 제주도 유배생활을 마치고 고향으로 발걸음을 옮기던 무렵이다. 일본 군함 5척이 부산 앞바다에 나타나더니 이것저것 조사를 하고 함포 사격을 하면서 기동 연습까지 했다. 일본이 조선 조정의 눈치를 보면서 슬슬 견제구를 던지기 시작했다고 볼 수 있다.

조선을 총칼로 위협해 불평등조약을 맺는 것이 급선무였던 바, 일본은 운요호雲揚號라는 군함을 보내 조선을 겁주기로 했다. 앞서 프랑스와 미국은 조선과의 통상조약 체결에 실패했지만 그것을 거울삼아 일본은 성공할 자신이 있었다.

8월에는 운요호가 황해를 거쳐 강화도 동남쪽에 있는 난지도 앞바다에 닻을 내렸다. 일본군 병사들은 여러 대의 보트에 나눠 타고 초지진 포대까지 노를 저어 왔다. 그곳을 지키던 우리나라 관헌이 외쳤다.

"너희들은 어디서 왔는가?"

역관이 없어서 그들은 우리나라 말을 알아듣지 못했다.

"무슨 목적으로 여기에 왔는가?"

일본군 몇이 물을 마시고 싶다는 시늉을 했다. 몇 사람은 밥을 먹는 시늉을 했다.

"무역을 하려면 상선이 와야지 웬 군함인가? 뱃전의 저 대포들은 도대체 뭔가?"

일본 군인들은 무어라 손짓 발짓을 하면서 떼를 썼다. 우리 병사들이 빨리 가라고 하자 그들은 군함 쪽으로 노를 저어 가면서 소총을 쏘아 댔다. 명백히 먼저 침략행위를 한 것이다.

우리 병사들도 포대로 가서 바다를 향해 포를 쏘자 그들은 얼른 큰 배로 돌아가 초지진을 향해 본격적으로 함포 사격을 시작했다. 신미양요 때와 비슷한 상황이 전개되었다. 우리가 쏘는 포는 바다에 떨어졌는데 일본군이 쏘는 포는 초지진 진지에 정확히 떨어졌다. 초지진은 금방 쑥대밭이 되고 말았다.

그 다음날에는 영종진(지금의 영종도)이 함락되었다. 영종진을 지키던 조선 군사 35명이 전사했고 16명이 포로로 잡혔

강화전쟁박물관의 운요호 사건 그림

문제의 배 운요호

다. 대포 36문, 총 130여 자루도 빼앗겼다. 일본군은 성안의 물건들을 마구 약탈해 갔고, 주민들이 키우던 소와 돼지, 닭들도 잡아가서 식량으로 썼다. 이 과정에서 일본군의 피해는 2명 부상이 전부였다.

이와 같이 운요호 사건은 일본의 군함이 우리나라에 들어와서 행패를 부린 사건인데, 일본은 사건이 끝난 뒤에 엉뚱하게 우리 조정에 이런 문서를 보냈다.

우리 일본의 배가 중국 가는 길에 잠시 들러 물과 식량을 사겠다고 했을 뿐인데 조선 측이 아무 이유 없이 운요호에 포격을 가해 많은 피해를 입혔다. 이런 무례한 짓을 저지른 조선에 대해 우리는 그냥 있지 않겠다.

일본으로부터 이런 편지를 받은 조정의 대신들은 겁만 잔뜩 먹고 갈팡질팡할 뿐이었다. 일단 초지진과 영종진의 책임자에게 사건 경위를 알리라고 했는데 두 곳에서 올라온 경위서는 대강 이런 내용이었다.

정체를 알 수 없는 이양선이 침입하여 포를 쏘고 가축을 마구 약탈해 갔습니다. 그런데 그들이 누구인지, 왜 그런 짓을 했는지는 잘 모르겠습니다.

일본말을 알아듣지는 못해도 일본말임을 모를 턱이 없었다. 문호를 개방하라는 협박의 뜻으로 포를 쏘아 댄 것도 잘 알고 있었다. 그렇지만 그들의 정체를 모르는 상태에서 적극적으로 대항할 수 없었다고 말하는 것이 제일 편하겠기에 이렇게 쓴 것이다. 일본의 막강한 군사력에 다들 겁을 집어먹고 눈치를 볼 뿐이었다. 나라의 기강이 무너지니 위아래 할 것 없이 일본의 침략에 항의 한마디 못 하게 된 판국이었다.

정한론과 구로다의 생떼

일본은 조선이 운요호 사건의 실상을 파악하여 적절히 대처하면 곤란하겠다는 판단에서 선수를 치기로 했다. 그해 10월에 군함 1척을 부산으로 보내고 그 뒤 2척을 더 보냈다. 기가 펄펄살아난 부산의 일본인들은 총칼을 휘둘러 대며 행패를 부리고먹을 것을 약탈해 갔다.

마침내 12월 19일, 일본은 조선의 미온적인 대응을 보고는이제 협박해도 되겠다고 마음을 먹는다. 일본은 전권대사全權大使(국가를 대표하는 외교사절 중에서 최고의 위치에 있는 자) 구로다 기요타카黑田淸隆 일행과 800여 명의 군사를 태운 군함 3척,

수송선 2척을 부산으로 보낸다.

이뿐만이 아니었다. 이들이 무슨 피해를 입으면 즉각 출동할 수 있도록 시모노세키 항구에 2개 여단의 병력을 보내 출동 준비를 시켰다. 이 소식 또한 조정에 전해졌다.

이들은 부산에 일단 정박해 쉬면서 조선 조정에 편지 한 통을 보냈다.

우리는 운요호 사건을 따지기 위해 강화도로 가려고 부산에 왔소. 만약 조선의 대신이 강화도로 나오지 않으면 곧바로 한양으로 들어갈 것이오. 겨울철이라 파도가 심해 강화도까지 가려면 일주일가량 걸릴 터인즉 그리 알고 준비하기 바라오.

완전히 생떼를 부리고 있었다. 조선이 일본에 대항할 힘이 없음을 미리 알고서 이런 식으로 협박한 것이다.

이듬해인 1876년 1월 10일, 일본 선박 5척은 강화도 초지진 앞바다에 닻을 내렸다. 구로다는 조선 조정과 회담을 하겠다는 전갈을 보냈다. 조정에서는 역관 오경석을 보내 일본이 노리는 것이 도대체 무엇인지 정확하게 알아보게 했다.

오경석이 파악한바, 일본이 자유롭게 무역을 하자고 한 속마음은 다른 데 있었다. 즉, 스페인이 남미에, 영국과 프랑스가 아프리카에 식민지를 개척하여 금이며 은, 구리, 철 등을 본국으로 보내 잘사는 것처럼 그들도 머지않아 조선을 통째로 차지하고야 말겠다는 야심을 품고 있었다.

조선을 정벌하여 식민지로 삼는다는 야욕 — 이것을 정한론 征韓論이라고 한다 — 은 많은 일본인들의 호응을 얻었다. 임진 왜란과 정유재란을 실패한 전쟁으로 간주한 일본은 1850년대 에 요시다 쇼인吉田松陰이라는 자가 다음과 같이 주장하자 그의 말에 적극 동조하였다.

조선의 남부 지방을 먼저 정복하여 그곳에서 각종 지하자원을 캐 내 무역적자를 메워야 합니다. 다음에 북으로 올라가 한강 일대를 지배하고 더 나아가 만주와 몽고를 지배하고 다시 남으로 방향을 틀어 대만과 필리핀을 지배해야 합니다.

메이지유신을 이끈 기도 다카요시木戶孝允라는 정치가는 말 로만 정한론을 부르짖을 것이 아니라 우리가 이제 전쟁을 벌여 조선 정벌에 나서야 한다고 적극 주장했다. 그러자 많은 정치 가들이 이에 찬성했다.

1592년 도요토미 히데요시는 조선 침략에 실패했지만, 지금 우리는 힘이 아주 세고 조선은 힘이 완전히 빠져 있다고 생각하여 이번에는 성공할 것이라는 자신감을 가진 일본인들이 많아졌다.

1873년에는 메이지유신의 가장 중심적인 인물인 사이고 다카모리西鄉隆盛가 조선 침략을 위한 구체적인 방법을 내놓았다. 의회의 고루한 의원들을 설득하는 한편 자신이 조선에 특별교섭대사로 가서 친일 세력들을 규합하여 반대파를 진정시키겠다고 공식적으로 말했다. 사무라이들의 우두머리였던 사이고 다카모리의 뜻대로 일이 진행되었다면 일본과 조선은 그 무렵에 이미 전면전을 벌였을지도 모른다.

때마침 일본 정부가 유럽에 보냈던 사절단이 귀국하여 해외 원정보다는 국내 발전이 먼저라고 주장했고, 이들이 적극 나서서 사이고의 주장을 꺾었기에 전쟁으로 번지지 않았다. 사이고는 그 후 자존심을 세우고자 반란을 일으켰다가 전투에 패하자 자결하고 만다.

하지만 전 국민적인 존경을 받던 사이고 다카모리의 조선침략론은 모든 일본인의 마음에 하나의 불씨로 남는다. 이 불씨가 지펴져 결국 1910년, 일본은 조선을 식민지로 만드는 일을 실현한 것이다.

이렇게 여러 사람이 주장하자 일본인들 대다수도 장차 조선을 침략하여 식민지로 삼고, 그것을 발판으로 이빨 빠진 호랑

이가 된 중국(중국 전역이 안 되면 만주 일대라도)을 차지해야 한다고 결심하였고, 군부는 차근차근 준비해 나간다.

일본이 무기를 대량으로 생산하면서 조선 침략의 기회를 엿볼 때 조선의 대신들은 연일 임금 앞에서 입씨름을 벌였다. 왜국의 주장에 응하지 말아야 한다는 명분론파와 일본을 무시했다가는 큰코다칠 테니 그들의 요구를 들어주자는 실리론파로 나뉘어 매일 싸우는 통에 고종도 결론을 내리지 못했다.

하지만 분위기는 이미 실리론으로 기울어 있었다. 운요호 사건 때 일본 군함의 위력을 뼈아프게 맛본 이후였다. 우리가 일본의 요구를 들어주지 않았다가는 봉변을 당할 수밖에 없으리라는 공포 분위기가 조정에 충만했다.

1876년 1월 17일에 강화도의 연무당이란 곳에서 양국 대표가 첫 회담을 가졌다. 구로다를 비롯한 일본 측 사신들은 첫날부터 생떼를 썼다.

"작년 우리 일본의 군함 운요호가 중국으로 가는 길에 강화도 앞을 지나게 되었소. 그때 귀국의 수비대 병사들이 난데없이 대포를 쏘아 대는 통에 많은 피해를 입었소. 당신네들은 시치미를 뚝 떼고선 보상을 해줄 생각조차 않는데, 이럴 수 있는 거요?"

이렇게 생트집을 잡으면서 일본은 미리 준비해 온 문서를 내

강화도의 연무당(1876년).
한일수호조약을 조인했던 일본인 숙소다. 일본군들이 보초를 서고 있고,
한국 관리인들은 밖에서 대기하고 있다.

밀었다. '수호조약修好條約'이라는 글자가 언뜻 보였다.

우리 측 대표인 신헌은 자신이 조약을 맺을 주체가 될 수 없겠다는 생각에 열흘 뒤에 다시 모여 회담을 하기로 하고 고종이 있는 궁궐로 가서 보고했다. 조정은 이날부터 완전히 벌집 쑤셔 놓은 듯했다. 하지만 대세는 이미 조약을 맺어야 한다는 쪽으로 기울었다. 나라를 지탱할 군사력이 부족하니 설움을 당할 수밖에 없었다.

일본이 일부러 운요호 사건을 일으켰고, 이를 핑계로 불평등조약을 맺으려 한다는 소문이 조정에서 전국으로 퍼져 나갔다. 이 소문은 그간 귀양지에서 미처 읽지 못했던 책이나 읽으며 집에서 쉬던 최익현의 귀에도 들어갔다.

도끼 들고 가 상소문을 올리다

귀양을 갔다가 갓 돌아온 몸, 벼슬도 없던 최익현이었지만 운요호 사건에 대한 조정의 대응방식은 밤잠을 못 이루게 할 만큼 치욕적이었다. 싸움을 건 것은 일본이었는데 조선이 일본한테 잘못했다고 무릎 꿇고 빈 것이나 마찬가지였기 때문이다. 조약 체결을 눈앞에 둔 시점에 최익현이 이런 일을 참고 있을 턱이 없었다.

집에서 쓰던 도끼를 등에 지고 단신 상경, 광화문 앞으로 간 그는 지금의 대통령 비서실인 승정원承政院을 통해 상소문을 올리고는 광화문 앞 맨땅에서 밤을 새우기로 했다.

앉은 자리 옆에 도끼를 놓아 둔 이유는, 자신이 상소문을 올린 행동이 잘못된 것이라면 목을 자르라는 뜻이었다. 이때 올린 상소문이 그 유명한 '병자지부소丙子持斧疏'(병자년에 도끼를 들고 가서 올린 상소문이라는 뜻)다. 내용은 대강 이렇다.

신이 들자옵건대 이번에 맺은 강화講和가 저들의 애걸에서 나온 것이라면 이는 강함이 우리에게 있는 것으로서 우리가 저들을 제어할 수 있으니 그 강화를 믿을 수 있지만, 강화가 우리의 약점을 보인 데서 나온 것이라면 이는 주도권이 저들에게 있는 것으로서, 저들이 앞으로 우리를 제어할 것이니 그런 강화는 믿을 수 없습니다.

신은 잘 알 수 없거니와, 오늘의 강화는 저들의 애걸에서 나온 것입니까? 우리가 약점을 보인 데서 나온 것입니까?

최익현이 비록 시골에 있었고, 제주도 유배생활을 하고 온 지 얼마 되지 않았지만 운요호 사건이 왜 일어났는지 정확히 꿰뚫고 있었다. 우리가 약점을 보이니까 저들이 저렇게 힘으로 밀어붙이려 한다고 서두에 쓴 것이다.

우리가 방비가 없고 약점을 보이는 실상을 저들이 알고서 우리와 더불어 강화를 맺는다면 앞으로 저들의 한없는 욕심을 무엇으로 채워 주겠습니까? 통상을 하자면 물건을 서로 사고팔아야 하는데 우리의 물건은 한정되어 있고 저들의 요구는 끝이 없어서 한 번이라도 맞추어 주지 못하게 되면 저들은 화를 내면서 우리를 약탈하고 국토를 유린할 것입니다. 지금 강화를 맺는다면 훗날 멸망을 초래할 것입니다.

일본이 우리나라를 식민지로 만들기 위해 준비하고 있음을, 그 검은 속셈을 미리 알고서 올린 상소문이었다. 3년이나 조정을 떠났던 최익현이 마치 예언자처럼 한일관계의 미래를 점치고 있었다.

일본인이 쓰는 물건은 대개 지나치게 사치하고 기이한 노리개로서 공장에서 만들어진 공업 생산품입니다. 반면 우리가 교역할 수 있는 것들은 땅에서 생산되는 농업 생산품으로서 백성의 생명과 생활과 직결되는 것들입니다. 양국이 통상하고 교역한다는 것 자체가 무리입니다.

공산품인 일본의 소비재와 농산물인 우리의 식량을 무역의 대상품으로 삼았다가는 우리 백성들이 나중에 굶주리게 된다는 말이니 백번 지당한 말이었다.

사치하고 기이한 노리개 따위, 마음을 좀먹고 풍속을 해치는 것들과 우리 농산품을 교역하게 되면 몇 년 못 가서 우리 삼천리 강토는 메마르고 집은 쓰러져 나라가 반드시 망하게 될 것입니다.

최익현은 또 이같이 덧붙여 조약을 맺으면 안 되는 실제적인 이유를 밝혔다. 이는 오늘날 한·미 FTA니 한·칠레 FTA니 하는 것과 비슷한 협정으로, 양국 간 이해利害를 따져 무역협정을 맺어야 한다는 주장이었다.

일본이 조선에서의 상권을 확보하기 위해 유리하게 협정 문안을 쓴 조약이다 보니 대량의 농산물이 일본으로 반출될 경우 우리 백성이 굶주릴 게 뻔했다. 이런 예측을 최익현이 그 당시에 한 것인데, 놀라운 선견지명이었다. 그런 뒤에 최익현은 위정척사파로서 천주교의 전도로 말미암은 피해를 추가했다.

저들이 왜인이라고 하나 실은 서양 오랑캐洋夷입니다. 강화하는 일이 한번 이루어지면 사교邪教의 서책과 천주의 초상이 교역 물품 속에 섞여 들어와, 조금 있으면 전도사와 신자가 온 나라에 두루 찰 것입니다. 이들은 하느님 아버지만 찾음으로써 아들이 아비를 아비로 여기지 않게 되고 신하가 임금을 임금으로 여기지 않게 되어 예의는 시궁창에 빠지고 우리는 짐승이 되어 버릴 것입니다.

여기서 말하는 사교는 천주교다. 천주교가 우리의 미풍양속을 해친다고 생각하던 터라 이렇게 썼다. 그런데 상소문의 이 부분은 고종의 심사를 완전히 뒤틀리게 했다. 고종은 벌컥 화를 냈다.

"귀양에서 돌아온 지 얼마 되지 않는 자가 근신하지 않고 또 국정에 대해 감 놔라 배 놔라 자신의 의견을 말하는구나. 도끼를 들고 와서 필로彈路에 엎드려 있다니 일이 매우 해괴하다."

필로는 임금이 거동할 때 어가御駕가 지나가는 길이다. 광화문 앞 대로상이었는데 구태여 필로에 있다고 말한 것은 이미 심사가 뒤틀렸다는 뜻이다.

고종은 최익현 덕분에 대원군이 물러나고 자신이 조선의 임금 노릇을 하게 된 사실은 까맣게 잊고 통치행위에 간섭한다고 간주하여 상소문을 눈앞에서 던져 버렸다.

이날 1876년 1월 24일은 마침 세자 책봉을 나라 안팎에 알리기로 한 경사스러운 날이었다. 그런데 이런 상소문을 받은 데다 최익현이 대로상에 도끼를 놓고 부복해 있다고 하자 최익현의 충성심은 아랑곳없이 고종은 몹시 화가 났다.

'에이, 재수 없네. 상소도 할 게 있고 안 할 게 있지. 할 날이 있고 안 할 날이 있지. 도끼는 또 왜 들고 온 거야. 나를 겁주겠다는 거야 뭐야.'

그 무렵 안 그래도 일본의 강제적인 통상 요구를 들어주지 않을 수 없는 처지에 놓인 고종으로서는 심기가 몹시 불편한 참이었다. 이런 시점에서 읽은 최익현의 상소문과 도끼 소지는 고종의 자존심을 건드렸다. 자신의 제일 아픈 데를 건드린 최익현이 얄미웠다. 그래서 고종은 다음과 같이 왕명을 내렸다.

"최익현의 상소는 내가 사교邪教를 물리치기를 엄중히 하지 않은 것처럼 주장하고 있다. 이렇게 군주를 위협해도 되는가. 왕권 모독에 대해서는 중형을 내려야 하지만 그간 국정에 헌신했던 공로를 참작하여 사형은 면하게 한다. 흑산도로 위리안치하니 오늘 중으로 죄인을 압송하라."

엉뚱한 곳에 화풀이를 한 셈이었다. 최익현의 상소문은 이런 식으로 무시당했고, 오히려 엄벌을 받는 요인이 되었다.

최익현은 일단 감옥에 며칠 간혔다가 흑산도 귀양길을 떠나게 된다. 옥문을 나서자, 그 사이에 강화도조약이 체결되었다는 소식이 들려왔다. 그는 대성통곡하면서 숭례문 밖으로 끌려갔다.

도끼를 들고 와서 조약 체결에 반대한 최익현을 흑산도로 귀양 보내기로 하고서 고종은 회의를 열었다. 이때 최익현에게 더 엄한 벌을 주어야 한다고 상소문을 올린 박규수가 앞으로 나서면서 말했다.

"일본의 요구를 들어주지 않으면 그들은 군대를 한양에 진주시킬 것입니다. 우리가 일본을 물리치지 못하면 곧바로 큰 곤경에 빠질 것입니다. 사직이 흔들리는 화를 자처할 필요는 없다고 생각합니다. 빨리 조약을 맺는 것이 좋습니다. 조약에 반대한 최익현을 귀양 보냈다고 하면 저들은 우리의 진의를 알고 좋아할 겁니다."

고종은 고개를 끄덕였다. 박규수는 연암 박지원의 손자로서 영·정조 시대의 실학을 계승하여 시대적 격랑에 대처하고자 다방면에서 남다른 노력을 기울인 인물이다. 오늘날 그는 단지 실학사상의 계승자일 뿐만 아니라 개화사상의 선구자, 나아가 실학과 개화사상을 연결한 근대의 가교자라는 평가를 받고 있다.

그는 특히 제너럴셔먼호 사건이 발생했을 때 평안관찰사였다. 고종의 승인 아래 철산부사 백낙연과 함께 제너럴셔먼호를 불태운 그는 조선이 거둔 승전의 주인공으로서 대원군과 고종의 신임을 한 몸에 받았다. 박규수는 신세대의 이념을 대표했고 최익현은 구세대의 상징적인 인물이었다. 어느 시대라도 그렇겠지만 신세대는 개혁파였고 구세대는 보수파였다. 양자 간의 싸움에서 승부는 이미 결정이 나 있었다.

1876년 2월 3일, 조선과 일본은 조약을 맺는다. 병자년에 강화도에서 맺어진 조약이라고 하여 '병자수호조약'이라고도 하고 '강화도조약'이라고도 하는 이 조약에 이어 부속조약과 통상장정이 체결되어 조선은 일본과 본격적으로 외교관계에 접어들게 된다.

박규수의 초상.
우직한 최익현에 비해 대단히 명민하게 시대를 읽고 있었다.

대원군이 폈던 쇄국정책은 이 조약이 체결됨으로써 종지부를 찍는다. 고종은 이날 이후 일본의 눈치를 보면서 전전긍긍하게 되지만 어쩔 수 없는 일이었다. 우리는 어느새 약소국이 되어 있었고 일본은 강대국 자리에 올라섰다. 이 조약에 의해 일본은 청나라를 누르고 조선에서의 영향력 행사에서 우위에 섰다. 일본의 오랜 꿈이 서서히 가시화되고 있었던 것이다.

그와 함께 조선의 국운이 기울고 있음을 실감한 많지 않은 사람 가운데 최익현이 있었다. 최익현은 이 거부할 수 없는 사실을 실감하고 있었으니 미칠 노릇이었다. 한편 개화파는 갑신정변(1884년) 때의 자신들의 실패를 만회할 날이 오고 있음을 느끼고 있었다. 하지만 그들도 일본이 우리나라를 송두리째 집어삼키게 되리라고는 짐작조차 하지 못했다.

조약을 통해 달라진 점은 다음과 같다.

우선 부산과 원산, 그리고 인천 3개 항구에 일본 배가 자유롭게 드나들 수 있게 되었다. 일본은 조선의 해안을 자유롭게 측량할 수 있고, 일본 사람이 조선 내에서 저지른 범죄의 재판권을 일본이 갖게 되었다. 조선 어디라도 일본 외교관이 자유롭게 여행할 수 있으며, 일본 화폐의 유통이 허용되었다.

조선은 조약 체결 이후 세 군데 개항장에 일본 거류민 지역과 통행 거리를 마련해 주었다. 일본과의 수출입 상품에 대해

강화도조약 체결 시 한일 양측 대표의 회담도

관세를 매기지 못하게 되었고, 일본 선박은 항해세도 면제되었다. 또한 돈만 내면 일본이 쌀을 아무리 많이 사 가도 이를 막지 못하게 되었다. 나라와 나라 사이의 평등한 외교조약이 아니라 완전히 굴욕적인 조약이었다. 간도 쓸개도 다 내주어 무역을 하든 수출을 하든 이득이라곤 볼 수 없게 되었다.

최익현은 눈보라가 몰아치는 1월 29일 이른 아침에 옥문을 나서 멀고 먼 귀양길을 떠났다. 이번에는 호의를 베푸는 지방 관리가 단 한 명도 없었다.

금부도사 한진태가 최익현을 호송하여 한양에서 860리 떨어진 다경진에 도착한 것은 2월 10일이었다. 여기서 배를 타고 일주일 동안 항해한 끝에 소흑산도에 도착했다. 끔찍한 고초가 이 섬에서 자신을 기다리고 있음을 최익현은 알지 못했다.

흑산도 유배와

단발령 반대

흑산도에서의 고통

소흑산도는 면적도 작고 농산물도 신통치 않아 먹을 것이 늘 부족했다. 최익현이 이곳에서의 생활을 적어 친구들에게 보낸 편지에는 이런 구절들이 보인다.

"풍토가 척박하고 생활이 누추하기가 제주도보다 10배는 심한 곳이다."

"가뭄이 들어 굶어 죽는 사람이 거의 매일 발생하고 도둑 사건이 매일 일어나는 곳이다."

"이곳에서는 제일 잘사는 사람도 수제비를 만들어 먹으니 보통사람들의 생활상이야 오죽하겠는가."

최익현은 온 지 얼마 되지 않아 풍토병에 걸려 몸져눕는다. 하지만 그의 주변에는 유배객을 돌봐 줄 만큼 여유로운 사람이 없었다. 최익현은 하루에 한두 끼도 먹지 못하며 오랫동안 앓아누운 채 천장만 멀거니 바라보았다.

그래도 봄은 왔다. 산천에 초목이 돋아났지만 이것들이 식량이 될 수는 없었다. 보리쌀도 다 떨어져 식량이 없는 데다 앞으로 수확할 곡식도 없으니 하루 한 끼 때우는 일도 쉽지 않았다.

그해 봄과 여름에는 이 섬 일대에 가뭄이 들어 가을이 되어도 곡물 수확이 형편없었다. 물고기를 잡아먹고 조개를 캐먹었지만 그것이 주식이 될 수는 없었다. 흑산도 주민이 이웃 섬에 가서 곡식을 사 오는 경우도 있었는데 집으로 돌아오는 길에 강도한테 털리기 일쑤였다. 섬사람 상당수가 거지 아니면 강도가 되었다. 남의 것을 구걸하거나 빼앗지 않으면 연명하기 어려울 만큼 곤궁한 사람들이 대부분이었다.

겨울이 왔다. 섬의 겨울은 엄청나게 추웠다. 솜옷도 없이 추운 겨울을 나는 동안 제대로 먹지도 못한 최익현은 각기병에 걸려 몹시 고생한다.

해가 바뀌어 1877년이 되어도 섬의 형편은 나아지지 않았다. 봄이 오자 굶어 죽는 사람이 세 집에 한 사람 꼴로 나왔다.

최익현은 몸이 비쩍 마르고 눈이 퀭해졌다. 그는 4월이 오자 수로로 800리 떨어져 있는 대흑산도에 들어가 40여 일을 보내고 온다. 대흑산도의 경치를 보고 싶어서였다. 유배객은 소흑산도나 대흑산도 어디에 가 있어도 상관이 없었는데, 각기병에 걸려도 운동은 거르면 안 된다는 의원의 처방에 따르기로 한 것이다. 대흑산도 여행 중 몇 편의 한시를 쓴다.

좋은 세상에는 버려진 사람이 없는데
먼 지역에서 이 몸만 늙었구나.

쇠약한 몸 억지로 일으켜서
옷 떨치고 바다에 나갔네.

노를 저으니 물 밑이 푸르고
돛을 다니 나그네 마음 서러워라.
고개를 돌리니 산은 점점 멀어진다.
아마도 남쪽을 향해 가는 것이겠지.

조각배 가는 것을 위험하다 말아라,
머나먼 풍경 조용한 속이라네.
사랑스러운 명산이 나를 맞이하려고
일부러 가랑비로 내 얼굴을 씻어 주네.

세상의 길은 험하고 험해
가는 곳마다 시비가 많네.
가을바람은 불고 배는 살 같으니
오늘에야 병든 얼굴 웃어 볼까나.

〈대흑산을 향하면서 배에서 부름(向大黑山舟中口號)〉 전문

나라를 위해 자신의 뜻을 제대로 펴보지도 못한 채 유배지에
서 세월을 보내는 자신의 신세를 서러워하는 시편이다. 어느

덧 몸은 늙어 가고, 병마가 찾아온 몸에 대한 자조적인 감회가 잘 담겨 있다.

최익현은 40여 일 동안 대흑산도 여행을 하면서 문암봉에도 올라가고 선유봉과 월산의 명승고적 등 섬 안의 볼 만한 곳과 바다를 구경하며 회포를 풀고서 소흑산도로 돌아갔다. 여행하는 동안 쓴 시로 〈저물녘에 진촌에 대다暮泊鎭村〉, 〈심촌에서 자다宿深村〉, 〈문암봉門巖峰〉, 〈선유봉仙遊峰〉, 〈골구미骨九尾〉, 〈문암에서 다시 지음更賦門巖〉, 〈초승달初月〉 등 여러 편이 있다.

이 가운데 한 수 더 감상해 보자.

남쪽 바다 아득한 끝에 있는 이 산
올라 보니 오월임에도 차갑기만 하구나.
참으로 이 천지는 끝이 없구나.
바라볼수록 물구름만 뜰 뿐이네.

경치에 빠지니 추운 줄을 모르겠고
진리를 찾으니 마음이 너그러워진다.
귀양살이에도 지랄 같은 기질은 여전해
제주도에서 풀려나 이곳에 또 오다니.

〈문암봉〉 전문

이 시에는 희망과 절망이 엇갈리는 심사가 잘 나타나 있다. 또한 자신의 마음을 어떻게든 다스려 보려고 애쓰는 모습이 역력하다.

7월이 되자 식량 사정이 조금 나아졌다. 보리와 밀이 제법 수확되었기 때문이다. 하지만 각기병에 걸린 최익현은 식사량도 줄고 수면도 부족하여 몸이 점점 말라 갔다.

이즈음에 최익현은 대흑산도에 다시 갔다. 주민이 더 많은 그곳에서 아이들을 가르쳐 달라는 요청이 왔기 때문이다. 서당을 열었더니 십여 명의 아이들이 글공부를 하겠다고 찾아왔다.

"하늘 천天, 따 지地, 검을 현玄, 누를 황黃, 집 우宇, 집 주宙⋯."

파도 소리와 바람 소리밖에 들리지 않던 흑산도 구석구석으로 아이들 천자문 읽는 소리가 퍼져 갔다. 그동안에는 하루에 한 끼 먹기도 힘들었는데 글방 스승이 되어 아이들을 가르치게 되자 먹는 문제가 해결되었다. 아이들 집에서 수업료로 곡식을 조금씩 내놓은 덕분이다.

최익현은 다음해 3월, 선유봉에 다시 올라간다. 섬사람 중한문을 조금 아는 사람과 사귀어 시조도 읊고 술도 간혹 함께 마시면서 유배 생활의 무료함을 달랬다. 하지만 흑산도에서의 유배 생활이 얼마나 힘들었는지 이곳에 온 지 3년 만에 머리가 하얗게 세고 만다.

유배 당시 흑산도 천촌마을 지장암 바위에 새긴 최익현의 글씨와
유허비 앞에서. 바위에 새긴 '기봉강산 홍무일월(箕封江山 洪武日月)'이란
글씨는 우리 강산이 아름답다고 예찬하는 내용이다.

최익현이 흑산도에 유배되었던 1876~1878년 3년 동안 국내에 큰 변화는 없었다. 일본은 개화파 인사들을 앞세워 세력을 넓히면서 나라를 빼앗을 기회만 엿보고 있었다.

1879년 2월 8일, 마침내 고종은 최익현에게 고향으로 돌아가도 좋다는 명을 내렸다. 상소문 한 장이 마음에 들지 않는다고 3년이나 귀양을 보낸 것은 지나쳤다는 생각을 한 것이다. 최익현은 정든 섬사람들과 일일이 인사를 한 뒤 뭍으로 가는 배에 몸을 실었다. 이때 그의 나이 어언 47세였다.

하얗게 센 머리를 하고 고향에 도착하였다. 늙은 아버지가 눈물을 글썽이며 아들의 큰절을 받았다. 아버지는 자기만큼 늙은 모습을 하고 나타난 아들을 맞으면서 임금이 원망스러웠으나 임금을 욕하는 것은 유교사상에 어긋나는 일이었다. 그것만은 해서는 안 되었다. 왕조시대에는 임금이 곧 하늘이었다. 그 임금이 아무리 무능할지라도.

긴 침묵의 세월

"아버님! 제가 없는 동안 많이 적적하셨지요? 앞으로는 아버님
을 곁에서 모시도록 하겠습니다."

집에 온 최익현은 산에 가서 나무를 해 와 불 때는 일, 마당
쓰는 일, 우물에 가서 물을 길어 오는 일 등 집안일들을 도맡아
서 한다. 3년 동안 자기 때문에 마음고생을 단단히 한 아버지
와 아내에게 이제부터라도 잘해야겠다고 섬에서 이미 굳게 결
심한 것이다. 형을 도와 논밭을 부치는 일에도 취미를 붙였다.
손에 굳은살이 금방 박였고, 의복은 남루해졌다. 밤이 되면 섬
에서 있었던 일들을 일부러 재미있게 꾸며 아버지에게 들려 드
리면서 오랜만에 효자 노릇을 톡톡히 했다.

조정 분위기는 점차 흥흥하게 돌아가고 있었다. 병자수호조
약의 세부 사항 중에 수신사修信使(조선조 말기에 일본에 보낸 외
교사절의 명칭) 파견이 있었는데, 최초의 수신사 김기수가 일
본에 갔다 와서 《일동기유日東記游》란 책을 써 임금에게 바쳤
다. 그는 일기책인 《수신사일기修信使日記》도 썼다. 일종의 여
행기인 이 두 책을 쓰게끔 부추긴 것은 물론 일본이었다.

김기수를 포함한 수신사 일행 76명은 1876년 4월 4일 서울
을 출발하여 4월 28일에 부산에 도착하였다. 그 다음날 일행은

김기수 수신사 일행의
일본 방문을
묘사한 그림

최초의 수신사
예조참의 김기수

일본의 기선 고류마루호를 타고 부산을 떠났다. 이튿날 시모노세키에 도착한 뒤 약 2개월간의 시찰을 마치고 5월 7일 부산에 돌아와 6월 1일 서울에 도착했다. 김기수 일행은 고종에게 일본에서 보고 듣고 느낀 것을 일단 보고서로 올렸다. 김기수는 여행 일정을 아주 상세하게 책으로 써서 보고했다.

이들은 일본에 머무는 동안 예정에 없던 일왕日王과의 접견식을 가졌고, 산조 사네토미三條實美와 이토 히로부미伊藤博文, 이노우에 가오루井上馨 등 일본 정계 고위직의 초대를 받는 등 융숭한 대접을 받았다. 또한 원로원과 의사당을 비롯하여 육군성·해군성·내무성·문부성·대장성과 경시청 및 육·해군의 군사 시설과 훈련 상황, 박물관·소방관 등 일본이 자랑하는 근대화된 거의 모든 시설을 관람하는 외교의례상 전례가 없는 환대를 받았다. 이는 야심을 감춘 일본의 치밀한 계획에 의한 여행 일정이었는데, 수신사 일행 중 그것을 눈치챈 사람은 없었다.

수신사 일행이 돌아올 때까지 국내 여론은 일본에 대해 경계하는 편이었으나 김기수의 견문기인 《일동기유》와 《수신사일기》가 책으로 만들어져 유포되자 인식이 달라지기 시작했다. 칭찬 일변도로 쓴 책을 읽은 사람들이 일본에 대해 좋은 감정을 안 가지려야 안 가질 수가 없었다. 손님 대접을 융숭히 한 일본의 계획은 이와 같이 멋지게 성공하였다.

김기수 일행이 올린 보고서와 이 두 권의 책은 우물 안 개구리에 불과했던 조선의 왕족과 귀족이 근대화에 관심을 갖도록 한 것은 좋았지만 조선이 일본의 식민지가 되게 하는 데 적지 않은 역할을 하게 된다.

4년 뒤인 1880년에는 김홍집이 수신사로 다시 일본에 건너가 일본의 눈부신 발전과 급변하는 국제 정세를 재인식하고 돌아온다. 이때 김홍집은 청나라의 황준헌이라는 사람이 쓴 《조선책략朝鮮策略》이라는 책을 들고 온다. 마침 일본에 와 있던 황준헌이 직접 선물한 책이었다. 책의 내용은 대강 이랬다.

조선이 러시아의 남침을 막지 않으면 북극곰 같은 러시아에게 잡아먹히게 된다. 그렇게 되지 않으려면 서양의 발달된 제도와 기술을 받아들이고, 특히 중국과 일본과 미국과 친하게 지내면서 힘을 길러야 한다.

조정에서는 이 책의 복사본을 만들어 전국의 유생들에게 나누어 주었다. 일본이 앞장서서 추진하는 조선의 개화開化에 힘을 불어넣어 주기 위해서였다. 대원군이 물러난 지 7년이 지났을 때였다. 대원군이 척화비를 세우며 쇄국정책을 강하게 편 것

《조선책략》 표지

이 1871년이었는데 불과 10년 만에 나라에는 온통 친일親日의 분위기가 팽배해졌다. 그런데 김홍집이 갖고 들어온 《조선책략》에는 이런 내용의 글이 들어 있었다.

천주와 예수는 우리 주자와 육상산과 같다.

주자朱子(1130~1200)와 육상산陸象山(1139~1192)은 성리학계의 대표적인 두 학자다. 육상산은 중국 남송南宋의 유학자로, 주자와 대립하면서 중국 전체를 양분하는 학문적 세력을 형성하였다. 주자는 객관적 유심론을 주장한 반면, 육상산은 주관적 유심론을 주장하였다. 육상산의 학문은 양자호 등이

148

계승했는데, 주요 저서로 36권짜리 《상산선생 전집》이 있다.

선비 홍재학은 하느님과 예수님이라는 존재가 조선의 선비들이 하늘같이 떠받들던 중국 유학계의 두 학자와 같은 위치에 있다는 이 책 내용을 보고 단단히 화가 난다.

홍재학은 최익현과 함께 이항로 밑에서 공부한 선비로서 조정이 일본과 수호조약을 맺으려고 할 때 이에 결사반대하는 내용의 상소문을 올린 바 있었다. 최익현이 흑산도로 귀양을 가자 통탄하면서 벼슬아치가 될 기회를 마다하고 고향으로 내려갔는데 이런 글을 보고는 분을 참을 수 없어 상소문을 썼다.

그는 상소문에서 개화 정책에 앞장선 김홍집과 이유원 등을 비난하는 데 그치지 않고 임금까지 싸잡아 비판했다. 대원군은 천주교를 받아들이지 않기로 했는데, 고종이 정치 일선에 나선 이래 서양 사학邪學의 무리를 수수방관한 것은 국민을 우롱하는 처사라고 맹렬히 비난했다. 사학이란 조선시대에 성리학을 숭상하던 사람들이 천주학을 요사스런 학문이라고 배척하여 이르던 말이다.

그는 또한 《조선책략》 말고도 국내에 번역되어 읽히는 서양과 일본의 책은 나쁜 책이며, 새로운 것을 좋아하고 신기한 것을 숭상하는 무리들이 견문을 넓히는 데 도움이 되는 책이라고 속이며 보급하고 있는데, 이는 공자와 맹자의 가르침과는 거리가 멀다고 강조했다. 임금이 이런 책의 보급을 막지는 않고 오히려 유생들에게 나누어 주다니 정치를 이런 식으로 하면 안 된다고도 썼다.

이 상소문을 읽고 격분한 고종이 내린 벌은 무서운 것이었다. 홍재학을 서소문 밖으로 끌고 가서 머리와 양팔, 양다리를 잘라 죽이라는 엄벌을 내렸다.

'아, 이럴 수가 있는가. 재판도 하지 않고 사람을 저리 끔찍하게 죽이다니!'

고향에서 친구의 처형 소식을 들은 최익현은 서울에 있던 아들 영조에게 급히 연락해 자기를 대신해서 홍재학의 집을 찾아가 조문하게 했다. 또한 아들을 시켜 비슷한 내용의 상소문을 썼다가 귀양 가는 김중암을 남대문 밖까지 따라가 전송하게 했다.

고종은 서구의 문물과 국제 정세를 더 알아보고 오도록, 한 두 명의 수신사가 아니라 아예 신사유람단紳士遊覽團을 일본에 파견한다. 1880년 12월이었다. 이름은 유람단이었으나 내용은 시찰단이었다. 시찰단은 전문위원인 12명의 조사자를 중심으로 수행원 2명, 통역관 1명, 하인 1명 등 한 반을 5명가량으로 편성해 전체 12반 62명이었다.

이때 만들어진 일본 시찰단인 신사유람단은 일본 정부 수뇌

신사유람단 일행. 일본이 준 옷을 입고 있어 얼핏 보면 일본인들 같다.

들과 접촉한 뒤 각기 분담하여 정부 각 부처 실무를 자세히 조사하였다. 박정양은 내무성 및 농상무성, 민종묵은 외무성, 어윤중은 대장성, 조준영은 문부성, 엄세영은 사법성, 강문형은 공부성, 홍영식은 육군, 이헌영은 세관 등을 각기 책임지고 자세한 보고서를 작성했다.

이들은 4월 28일 일본 도쿄에 도착하여 74일간 체류하며 일본 정부의 각 분야를 살폈으며, 귀국 즉시 각자의 여행기인 견문 기록과 보고서를 고종에게 제출했다.

이런 일들이 있자 최익현은 좌절감과 절망감을 느끼고 정치에는 신경을 쓰지 않기로 마음먹는다. 고종은 조금이라도 자기 자존심을 건드리면 격분하여 충신들을 귀양 보내니, 상소문을 써본들 아무 소용이 없었다.

최익현으로서는 조정의 대신들 중 상당수가 일본을 찬양하게 되었다는 것이 고종의 변심보다 더욱 기분 나빴다. 흔히 일본에 의지하려는 대신을 개화파라고 하고, 중국에 의지하려는 대신을 수구파라고 하는데, 나중에는 러시아의 힘을 빌리려는 친러파도 나타난다.

국정을 함께 논해야 할 대신들이 이 모양이니 실망이 컸다. 홍재학 같은 친구가 임금의 기분을 거스르게 하는 상소문을 올렸다고 '능지처참'이라는 벌을 받으니 솔직히 겁도 났다.

게다가 3년 동안 흑산도에서 죽을 고생을 하고 와서 겨우 아버지를 모시게 되었기에 그 동안 못다 한 아들 노릇을 해야겠다는 생각이 더욱 강하게 들었다.

'에라, 아무리 내가 나라를 걱정하면서 임금님의 마음을 돌리려 해도 소용없으니 그냥 고향에서 아버님이나 잘 모시고 살자. 내 나이도 이제 오십. 아버님이 사시면 얼마를 더 사실까. 아이들 교육도 중요하고.'

최익현은 슬하에 영조와 영학, 영복 세 아들이 있었다(호길은 어릴 때 죽었다).

흑산도에서 돌아온 후 최익현은 근 10년 동안, 즉 그의 50대 10년 동안은 가급적 조정에서 일어나는 일에 신경을 쓰지 않으려고 한다. 하지만 어지러운 세상이 그를 고향에서 편히 지내게 내버려 두지 않는다.

1882년에 구식 군대 폐지와 관련하여 5군에 소속된 군인들에 의해 임오군란이 일어났다. 1883년에는 〈한성순보〉가 발간되기 시작했고, 화폐를 만들어 내던 국가기관인 전환국典圜局이 설치되었다. 이 해는 태극기가 사용되기 시작한 해이기도 하다. 같은 해 함남 원산에 민간에 의해서 한국 최초의 근대적 교육기관인 원산학사元山學舍가 세워졌으니 때는 바야흐로 근대의 여명기, 이른바 개화기였다.

1884년에는 김옥균을 필두로 한 개화파가 갑신정변甲申政變을 일으켰으나 실패했다. 개화파의 집권은 사흘 만에 끝나 '3일 천하'라 불렸다.

최익현이 50대 10년 동안 침묵의 세월을 보낸 것을 두고 비난하는 사람들이 많다. 이 문제를 필자는 이렇게 생각해 본다. 흑산도에서 유배 생활을 하는 동안 거리를 두었던 조정에 들어가 다시 국사를 논한다 한들 급변하는 현실에 대응할 여력이 없었던 것은 아닐까. 또한 조정에 들어가 봤댔자 개화파 신하들과 연일 언쟁을 벌여야 할 텐데 그런 싸움을 소모적이라고 판단한 것은 아니었을까. 대세는 이미 개화 쪽으로 기울어 있었으니 말이다.

그러나 고향에서 형을 도와 농사를 지으며 10년 세월을 보내는 동안 정국은 점점 더 어지러워져 갔다. 최익현은 당시의 시대 상황을 우려하고 있었지만 행동에 나서지는 않았는데, 초연할 수 없는 일들이 벌어진다.

또 한 번의 상소문

10년 세월이 덧없이 흘러 1893년이 되었다. 최익현이 어언 환갑을 맞이한 해다. 나라의 기운은 쇠약해 가고 자신의 몸도 예전 같지 않아 우울한 마음으로 지내던 중이었다. 그러다 갑오개혁 소식을 듣고는 더 이상 참을 일이 아니라고 판단하여 '청토역복의제소請討逆復衣制疏'라는 제목의 상소문을 쓴다.

갑오개혁은 1894년 7월부터 다음해 8월까지 갑오농민전쟁, 즉 동학혁명을 평정한다는 핑계로 우리나라에 침입한 일본이 군대를 동원하여 강압적으로 행한 정치개혁이었다.

일본의 오토리 게이스케大鳥圭介 공사가 군대를 거느리고 궁궐로 침범하여 영추문을 불태우고 들어와 고종과 명성황후를 감금하였다. 그리고는 정치개혁을 하라고 압박했다. 고종은 이들의 말을 들어주지 않을 수 없었다. 일본군이 궁궐 내의 모든 조선인 군인들의 무기를 빼앗았기 때문에 어찌할 도리가 없었다. 조선이 대항할 힘이 없음을 알게 된 일본은 이처럼 안면몰수하고 함부로 대했지만 조정에서는 아무 소리 못 하고 하인처럼 굽실대는 것이 현실이었다.

일본은 비슷한 시기에 황해 풍도 앞바다에 와 있던 청나라 군함을 공격하면서 청일전쟁을 일으켰다. 이때가 1894년 6월

23일이었다. 그리고 6월 25일에 일본은 조선 개혁의 중추기관인 군국기무처軍國機務處를 설치하고 김홍집을 책임자로 내세웠다.

군국기무처는 국가의 모든 행정 부서를 현대식으로 고쳤다. 또한 청나라와의 조약 폐기, 문벌과 신분계급 타파, 인재의 올바른 등용, 복제服制의 개정, 노비제도 폐지, 조혼早婚의 금지, 부녀의 재혼 허용 등 여러 가지 좋은 제도를 시행했지만 백성들의 지지를 받지는 못했다. 일본이 강제로 추진하는 개혁이니 백성들이 따를 리 만무했다.

일찍이 군사력을 키운 일본은 청나라와의 전쟁에서 며칠 만에 압도적으로 승리를 거둔다. 세계가 깜짝 놀랐다. 섬나라 일본이 거대한 중국 청나라와 싸워 승리했으니 이제는 그 어느 나라도 일본을 무시할 수 없게 되었다.

일본은 10년 뒤인 1904년에는 러시아와 전쟁하여 승리한다. 인구 세계 1위인 청나라, 그리고 면적 세계 1위인 러시아와 싸워 이기자 일본은 자신감이 충만하여 세계 지도를 다시 그리려는 욕심을 갖게 된다. 일단 조선을 식민지로 삼은 뒤 만주 침략에 나서고, 중국 대륙까지도 집어삼킬 결심을 한 것이다.

일본의 대륙 진출 꿈은 임진왜란을 일으킨 이유 중 하나였고, 최근 집단자위권법의 통과 역시 이러한 역사적 흐름의 결과로 보인다. 일본은 자위대를 없애고 동맹국에 군사를 보내 전쟁을 할 수 있는 나라로 바뀌었다.

청일전쟁 때의 '압도적 승리'란 이러하였다. 일본군은 청나라 군대를 만주 땅까지 쫓아가서 무찔렀으며, 청나라가 자랑하던 해군 함대인 '북양 함대'를 침몰시켰다. 권투경기 첫 라운드에서 강한 펀치로 상대방을 눕혀 버린 꼴이었다. 대국 중국이 어이없이 패하자 서양의 힘센 나라들은 이때부터 중국을 더욱 얕잡아 보게 되었다. 일본이 어느새 아시아의 맹수가 되었고 청나라는 종이호랑이 신세가 되고 말았음을 증명한 전쟁이 바로 청일전쟁이다.

패전국 청나라의 이홍장과 승전국 일본의 이토 히로부미는 일본 시모노세키에서 회담을 가졌다. 회담 결과 청나라는 조선에 대한 지배권을 완전히 포기하기로 했다. 또한 대만과 요동반도를 일본에 떼어 주는 것 외에도 전쟁 배상금으로 은 2억 냥을 내놓기로 했다.

일본은 김홍집과 박영효 같은 개화파를 앞세워 제2차 개혁인 을미개혁(1895)을 단행한다. 이때 발표된 '홍범 14조'의 내용은 하나같이 그럴듯했지만 일본의 강요에 의한 것이었기에 조선의 근대화에 별다른 도움을 주지는 못했다.

을미년 전해인 갑오년(1894)에 최익현은 공조판서가 되었

다. 고종에게 최익현을 등용해 쓰라고 건의한 이는 놀랍게도
대원군이었다. 대원군은 예전의 원한은 다 잊었는지 충성스런
신하가 조정에 들어가 고종을 도와 일하기를 바란다면서 본인
이 직접 최익현을 천거하였다. 그가 고향에서 농사만 짓게 하
지 말고 조정에 불러 국사를 논의해야 한다고 강력하게 주장하
는 바람에 고종은 안심하고 최익현을 불렀다. 홧김에 귀양을
보낸 일이 찜찜하기도 했을 것이다.

최익현은 공조판서가 되었으니 개혁의 부당함에 대해 말을
해도 되겠다는 생각에서 붓을 꺼내 들었다. 그가 다시 궁궐 생
활을 해보니 그간 조정의 관리들이 관복이 아니라 서양식 신사
복을 입고 있었는데, 일단 이것이 못마땅했다.

갑신정변의 원흉인 박영효가 난리를 틈타 고국으로 돌아와서 내
부대신이 되어 조정의 권력을 손아귀에 넣었습니다. 그는 의복제
도를 변경하여 우리 고유의 관복을 버리고 좁은 소매의 검은 옷으
로 바꿔 입게 했습니다. 박영효는 역적과 다를 바 없으니 내쳐야
하며, 의복을 다시 우리 고유의 관복으로 바꿔야 합니다. 일본은
임금님을 '대군주'라고 부르게 하는데 이는 오랑캐의 칭호를 답습
하는 것이므로 저는 '주상 전하'라고 부르겠습니다.

이 상소문을 받은 고종은 침통한 표정으로 아무 말도 하지 않다가 고개를 절레절레 흔들며 이렇게 말했다.

"이 상소문, 일본인들이 보면 최익현을 가만두지 않을 것이다. 그들이 못 보게 깊숙이 감춰 두어라."

최익현이 이 상소문을 올린 지 얼마 안 되어 을미사변이 일어나 명성황후가 살해되고(8월), 단발령이 내려진다(11월).

내 목을 자를지언정 상투는 자를 수 없다

명성황후는 궁궐에 난입한 일본인 사무라이들의 칼에 맞아 숨졌으며, 시체는 석유를 끼얹어 불태워졌다. 일본이 조선을 지나치게 압박한다고 판단한 명성황후가 일본을 경계하면서 러시아와 가까워지려는 움직임이 포착되자 서둘러 싹을 자른 것이다. 그때의 상황을 상세히 쓴 윤치호의 영문 일기에서 살해 장면을 살펴보자.

오후 1시가 되자 제2왕자 의화군이 와서 이렇게 전한다. 왕자가 대궐을 나서자마자, 왕실 안채가 칼을 찬 일본 낭인들에게 습격당했다고 한다. 그자들은 왕비를 쫓다가 외관상 왕비처럼 보이는 두

세 명의 시녀를 아주 무참하게 죽였다는 것이다. 그자들은 왕세자비를 붙잡아 머리채를 잡고 두들겨 패면서 왕비가 어디 있는지 다그치면서 끌고 다녔다. 세자비가 대답을 거절하자 다 죽어 가거나 이미 시체가 된 군인들 틈에 젊은 세자비를 내던졌다.

일본인 중 한 놈이 왕세자를 붙잡아 머리채를 잡고 그를 발로 찼다. 한편에선 100명이 넘는 여인들이 모여 서서 공포에 떨고 있었다. 시녀가 들어섰다. 한 왜놈이 그녀를 붙잡아 바닥에 내동댕이쳤다. 여인이 소리를 질렀다. 그녀는 먹을 것을 찾아 부엌에 들어온 시녀였으며 왕비가 아니었다. 살인자들은 그 시녀가 인사불성이 되어 죽을 때까지 발로 짓밟았다. 그리고 방 안으로 끌고 들어가 이불 홑청을 씌웠다. 그 시체 신원을 확인하기 위해 일본 통역관 스즈키를 불렀다.

스즈키가 안 상궁에게 그 장소를 가리키며, 왕비가 저 방 안에 누워 계시다고 말했다. 안 상궁이 방 안으로 들어가 이미 피가 낭자한 방 안의 광경에 충격을 받고 뛰어나오며 소리 질렀다.

"아, 왕비마마가 돌아가셨어요."

이 소리를 들은 살인마들이 그 방으로 다시 뛰어 들어가 왕비의 시신을 끌어내어 마당 화단 구덩이에 집어 던졌다. 살인마들은 그 자리를 불구덩이로 만들어 버렸다.

명성황후가 이렇게 참혹하게 살해되었다는 소식을 들은 조

선의 백성들은 일본과 친일정권에 분노했다. 이 소식을 듣고
유성과 강계에서 가장 먼저 의병이 일어났다.

이 자리에 졸시 한 편을 올린다.

언제부터였던가 외세의 비바람 태풍이 되고
밤새 집을 뒤흔들며 몰아치는 북풍한설
나라의 운명 500년 만에 맞이한 가장 큰 태풍 앞의 등불인데
바람 막을 방패 없고 빗물 막을 도롱이 없다
나마저 흔들리면 너도 나도 추풍낙엽 되리

나 여주의 여염집에서 태어난 아이
여덟 살에 아비 잃고 어머니랑 단 둘이 살았네
애당초 왕비는커녕
궁궐에 들어가서 살게 되리라곤
꿈도 꾸어 본 적이 없네

나 아비 없고 남자 형제 없는 외로운 처지였지만
바로 그것 때문에 국모가 되었네
국모? 흥 무엇 말라비틀어진 국모인가
열강의 손길 옷고름 속으로 파고들더니
치마 속으로까지 뻗친다 이놈들아 이 손 치워라

나라를 통째로 먹으려 드는 늑대들아
먹어도 먹어도 배가 고프냐

내 이 몸은 가냘프지만 마음은 남산보다 높다
시아버지의 불호령에도 아랑곳하지 않았다
천문세가 고개 쳐들고 노려보면 나도 노려봤고
성균관 유생들이 상소 써 들고 떼로 몰려오면
일자무식 백성을 방패막 삼아 물리쳤다
서구열강의 털북숭이 손길 뿌리친 것 셀 수도 없었지만
저렇게 힘 강해진 왜국의 총칼을, 내부의 배신자들을
내 한 몸으로는 당해낼 수 없었다
조실부모 천애고아가 이 나라의 운명이었던 것

1895년 음력 8월 20일 새벽이었다
경복궁 안에 있는 건청궁의 옥호루였다
난입해 들어온 일본 낭인들의 손에
내 몸 베이고 베이고 또 베였다
피가 벽에 튀었다 옥호루 바닥에 흥건히 피 고였다
시신마저 향원정의 녹원에서 불살라졌다
내 혼백 저승에 그냥 갈 수 없다
억울해서 황천으로 그냥은 갈 수 없다

떠돌리 삼천리 방방곡곡을

나 눈 부릅뜨고 발톱 세우고 으르렁거리는

일본, 미국, 러시아, 중국

한반도를 둘러싸고 있는 저들 또다시 달려든다면

오뉴월에 서리 되어 내릴 것이다

한겨울에 설중매 되어 만개할 것이다

그냥은 눈감지 않을 것이다 이놈들아

나 쓰러진 조선의 국모, 고종황제의 비

명성황후란다

〈나, 명성황후〉 전문

한편 총리대신 김홍집 등은 민심의 동향에 대해서는 아랑곳
하지 않고 자기들 나름대로 개혁을 단행했다. 조선의 주요 행
정체계를 개편한 것이 바로 제1차 갑오개혁이다.

제2차 갑오개혁은 1894년 11월부터 1895년 5월까지 이루
어졌다. 과거제도를 없애고 총리대신을 비롯한 각 아문대신들
에게 관리 임용권을 부여하였다. 또한 행정구역을 8도에서 23
부로 개편하였으며, 신분제도의 개혁을 통해 문무文武와 반상班
常의 구별을 폐지하였다.

그 이후 1895년 5월부터 1896년 2월 아관파천俄館播遷 후 김

홍집이 살해될 때까지 이루어진 개혁이 을미개혁이다. 아관파천에 대해서는 뒤에 재론하기로 한다.

을미개혁 결과 음력 대신 양력을 쓰게 하였고, 고종은 '건양 建陽'이라는 연호를 쓰겠다고 발표하였다. 우체사(지금의 우체국)를 설치하겠다고 한 것까지는 좋았는데, 단발령 단행은 전 국민의 반발을 사게 된다.

그때까지 조선 남자들은 여자처럼 길게 머리를 땋아 내리고 있다가 관례冠禮(남자가 성년에 이르면 상투를 틀고 갓을 쓰게 하는 예식)를 치르거나 결혼을 하면 상투를 틀어 올렸다. 그런데 개화파 인사들은 이 상투머리가 낡은 제도를 대표하는 것이라면서 자를 것을 명했다.

미국과 유럽 여러 나라를 구경하고 돌아온 유길준이 내무대신이 되어 적극적으로 단발을 주장하였다.

"우리는 상투를 트는 데 얼마나 많은 시간을 보내고 있습니까. 간편하게 머리를 자르고 살면 그만큼 시간을 절약할 수 있고 위생에도 좋습니다."

고종은 마지못해 상투를 자르고 서양식 머리를 했다. 하지만 백성들은 수천 년 내려온 두발 습관을 고칠 수 없다고 반발하였다.

"아니, 《효경》에 '신체발부身體髮膚는 수지부모受之父母라, 불

유길준은 젊은 시절부터 이렇게 서양식 복장을 하고 단발을 한 채 궁궐에 드나들었다.

감훼상不敢毁傷함이 효지시야孝之始也라'는 구절이 있지 않은가. 내 몸과 피부와 머리털은 부모에게서 받은 것이니, 감히 헐어 상하지 않게 하는 것이 효의 시작이라는 뜻이지."

"서양 놈들이 머리카락을 짧게 자르고 산다고 우리도 다 그렇게 해야 하나?"

"친일파 김홍집 일당, 해도 해도 너무하는 것 아닌가."

"임금님이 저러니 나라가 이 모양이지."

"이제는 일본 놈들에게 잘 보이려는 자들이 우리 머리를 갖고 난리를 치네그려."

백성들의 반대에도 불구하고 조정에서는 강제로 상투를 자르게 했다. 순검(지금의 경찰)들을 시켜 길거리에 돌아다니는 사람들을 붙잡아 강제로 상투를 잘랐다. 한양의 길거리에서는 가위를 든 순검이 쫓아가고 상투 튼 사내들이 걸음아 나 살려라 하고 쫓기는 진풍경이 매일 벌어졌다. 학부대신 이도재 같은 이는 단발령을 반대한다는 상소문을 올린 후 벼슬을 내놓고 고향으로 내려가 버렸다. 당연히 전국의 유생들은 단발령에 거세게 반발했다.

을미사변과 단발령 2가지는 유생들에게 '그냥 이대로 있어선 안 되겠다'는 공감대를 형성케 하여 전국 각지에서 의병이 일어나도록 했다. 이때 일어난 의병을 가리켜 '을미의병'이라고 한다.

사태가 걷잡을 수 없는 지경으로 치닫자 조정의 누군가 아이디어를 하나 냈다.

"저 유생들의 우두머리는 최익현이 아닌가. 최익현을 협박해 머리카락을 자르게 하면 전국의 유생들이 최익현도 잘랐으니 이제는 어쩔 수 없다고 생각하면서 머리를 자르겠지."

최익현은 단발령이 내려지는 것과 때를 맞춰 공조판서 벼슬자리를 내놓고 고향 포천에 가 있었다. 친일파가 득실거리는 상황에서 벼슬하는 것이 더 이상 의미가 없게 여겨졌다.

그날은 때마침 최익현이 포천에서 양반들을 모아 놓고 국모의 원수를 갚고 단발령에 조직적으로 반대하자고 모의를 하는 중이었다. 최익현의 당시 생각은 아주 극단적이었다.

'몇 사람이 칼을 품고 서울로 가서 조정의 친일대신 몇을 암살하고 산중으로 들어가서 숨어 살거나 여의치 않으면 바다에 빠져 죽자.'

그때 유길준이 보낸 순검 십여 명이 집으로 들이닥쳐 최익현을 포박했다. 서울 명동에 있는 일본의 헌병대로 압송된 최익현은 이런 식으로 협박을 당했다.

"대감이 먼저 머리를 깎으면 전국의 유생들도 따라서 할 것이오. 어서 머리를 깎으시오. 깎지 않으면 다시 귀양을 보낼 것이오."

최익현은 몇 달간 서울에서 감옥 생활을 하면서 회유와 협박을 당할 때마다 이렇게 말했다.

"내 상투를 자르려거든 차라리 내 목을 쳐라!"

"내 목을 자를지언정 상투는 자를 수 없다!"

최익현의 고집을 누가 꺾을까. 1896년 2월 11일, 아관파천의 난이 일어나 친일내각이 붕괴되자 최익현은 비로소 집으로 돌아갈 수 있게 된다.

임오군란과 대원군의 복귀

몇 년 전으로 되돌아가 보자. 최익현이 쉰 살이 되는 1882년에 임오군란이 일어난다. 이때 대원군의 정계 복귀가 잠시 이뤄진다. 명성황후가 아직 살아 있을 때였다.

명성황후 일파가 임오군란의 원인을 제공했음을 부인할 수는 없다. 명성황후는 자신이 군사력을 못 가진 것이 늘 불만이었고, 또한 불안의 가장 큰 요소였다. 명성황후의 제안에 따라 신식 군대인 별기군이 생겼다. 선발된 80명의 별기군에게는 새 군복과 신식 총이 지급되었고, 일본인 장교가 교관으로 와서 군사훈련을 시켰다.

별기군 창설 이전부터 있던 구식 군대에게는 차별대우가 심했다. 13개월이나 월급이 밀려 있는데도 한 달 치만을 주었고, 그것도 돈이 아니라 쌀이었다. 이 쌀이 군란軍亂의 발단이 되었다. 군인들이 쌀을 받고 보니 모래 반, 썩은 쌀 반이었다. 누군가 중간에서 슬쩍 가로챈 것이다.

"이보게들, 급료 책임자 민겸호한테 가서 따지세!"

"민겸호는 왕비의 친정 오빠가 아닌가. 오빠, 동생이 나라를 완전히 말아먹기로 했군."

쌀을 나눠 주는 선혜청의 창고인 도봉소로 몰려간 군인들은 민겸호의 하인인 창고지기에게 모욕을 당한다.

"그거라도 감지덕지 받아먹지 않고 무슨 행패냐. 썩 물러가 거라."

화가 머리끝까지 치솟은 군인들은 창고지기를 실컷 패준 다. 그러고 나서 민겸호의 집으로 몰려가 세간을 모조리 부수 며 분풀이를 한다.

명성황후가 정치를 잘못해서 자신들이 이런 푸대접을 받는 다고 생각한 군인들은 무장을 하고는 시내를 몰려다니며 명성 황후 일파의 집을 습격한다. 여기서 그치지 않고 일본인 교관 과 일본 군인 등 13명을 백주대로에서 집단 구타하여 죽인다.

분노에 사로잡힌 이들은 더 많은 친일파를 죽이며 폭동을 일 으켰다. 피를 본 군사들은 흥분하여 임금이 있는 창덕궁으로 몰려갔다. 군인들은 궁의 수문장을 죽이고 임금의 처소 앞까 지 몰려가 소리를 질렀다. 명성황후는 잡히면 죽을 것 같아서 몰래 궁궐을 빠져나가 민가에 며칠 숨어 지냈다.

"대원군을 복귀시키시오!"

"일본인과 내통한 왕후를 벌주시오!"

고종은 하는 수 없이 대원군을 불러들였다. 분노한 군사들 은 일제히 소리를 지르며 대원군을 환영하였다.

"대원군 만세! 대원군 만세!"

횃불을 들고 외치는 이들의 목소리가 하늘을 찔렀다.

민겸호와 경기감사 김보현은 궁에 숨어 있다가 대원군이 입궐하자 구세주라고 믿고 몸을 드러냈다. 성난 군인들의 손에 죽을지도 모를 자기네들의 목숨을 대원군이 구해 주리라 생각하고 나타난 것이다. 그러나 흥분한 군인들은 대원군의 만류에도 아랑곳하지 않고 민겸호와 김보현을 무참히 죽인다.

대원군은 예전의 정치 실력을 발휘하여 제도를 뜯어고치고 대신들을 갈아치움으로써 임오군란을 잠재운다. 하지만 청나라가 대원군의 집권을 용납하지 않았다. 전처럼 대원군이 쇄국정책을 쓰면 일본에나 청나라에나 좋을 것이 없다고 판단한 것이다.

그때 우리나라에는 마건충馬建忠이라는 청나라 대신이 들어와 있었다. 임오군란이 일어나 일본인들과 일본군이 모두 제물포(인천)를 통해 일본으로 달아나자 그는 이때다 하고는 4,500명의 군사를 이끌고 서울로 들어왔다.

마건충은 꾀를 썼다. 부하를 대원군에게 보내어 군사 문제로 의논할 것이 있으니 자기네 막사로 와달라고 요청했다. 대원군은 멋모르고 남대문 밖 청나라 군대의 막사로 갔다가 그 길로 가마에 태워져 인천항에 정박된 청나라 군함으로 갔고, 결국 청나라로 끌려갔다.

마건충.
그는 조선에서 청나라의 영향력
회복을 꾀했지만 일본에 밀려
청나라 황제의 명을 받들지 못했다.

임오군란이 일어난 것이 6월 9일이었는데 딱 두 달 뒤인 8월 초, 세상은 다시 명성황후 일파의 것이 된다. 그 무렵 명성황후는 일본에 완전히 기대고 있었으므로 일본의 꼭두각시나 다름없었다. 일본은 임오군란으로 일본인들이 죽고 피해를 당한 것에 대해 배상을 청구하는 조약을 맺자고 협박한다. 이때 맺은 조약이 제물포조약이다.

이 무렵 한국에 와 있던 러시아 공사公使 베베르K. I. Waeber는 명성황후를 잘 구워삶아 외교적 신임을 톡톡히 얻었다. 일본은 청나라와 적당히 대립하면서 조선에서 영향력을 확대하고 있었는데 러시아의 엉뚱한 개입은 용납하기 어려운 일이었다.

명성황후가 일본을 배신하고 러시아에게 의지하려는 것을

눈치 챈 일본은 명성황후를 살해하기로 작정한다. 그 사건이 1895년에 일어난 을미사변이다. 앞에서도 말했지만 명성황후는 궁궐에 난입한 일본인 사무라이들이 휘두른 칼에 목숨을 잃고 만다. 그때 나이 불과 44세. 일국의 왕비가 되지 않았더라면 그렇게 일찍 비운에 가지 않았을 것이다. 끔찍하게 살해당한 여인의 죽음을 애도하며 또 한 편의 시를 썼다.

길 가던 바람이 여기 와서 운다
여주 고달사지 … 통일신라시대 고달高達이란 사내가
머리를 깎고 나서 돌을 깎기 시작했다지
목조건물은 한 채도 남아 있지 않다 비석도 부서지고
세월의 이끼 켜켜이 쩌 있는 귀부상龜趺像의 눈망울만 뒤룩뒤룩
1,250년 동안 저 귀부는
신라와 고려와 조선의 흥망성쇠를 다 봤겠구나

어미가 살해되어 불태워지고 애비는 독살되고
조선조 마지막 왕 순종
권력과 영광이 추풍낙엽임을 깨달았겠지
어미가 총에 맞아 애비도 총에 맞아
이 나라 최초의 여대통령
진나라 조고趙高가 한 말의 뜻을 알고 있겠지

늦가을 바람이 소리 높여 운다

부슬부슬 비까지 내린다 하염없는 세월 부질없는 시간

마흔넷에 죽은 그녀 민자영

민자영에서 민비로, 민비에서 명성황후로

여기 여주서 태어나 쌀밥 구경하며 살아갔던들

경복궁 건청궁에서 피를 뿌렸으랴 시체 불태워졌으랴

생가 유적지에 걸려 있는 '一片氷心在玉壺'라는 글씨

참 못 썼다 양반 자제의 글씨가 아니라

여염집 여식, 시아버지를 궐에서 쫓아낸 고집이 서려 있다

평야가 온통 노랗게 되었을 때 여기 폐사지에 왔다

나뒹구는 돌멩이들도 구르는 낙엽들도

천년의 시간을 간직하고 있는 듯 예사롭지 않다

명성황후탄강구리비明成皇后誕降舊里碑 뒤에는

순종이 쓴 글씨 배수음체경서拜手飮涕敬書 …

울면서 썼구나 이를 갈면서 썼구나

제 어미 비명횡사가 서러워 울분에 찬 왕의 생애

여기서는 바람이 그냥 불지 않는다 소리 높여 운다

〈고달사지에 와서 운다〉 전문

여주에 있는 명성황후 생가

생가에 걸려 있는 명성황후의 친필 글씨

고달사지에 있는 귀부상

174

러시아 공사관 전경(1904)

아관파천은 인조가 병자호란 때 삼전도에서 청나라에 항복한 것과 더불어 우리 역사의 수치다. 칼을 마구 휘두른 일본이 무서워 러시아 공관에 고종과 왕세자가 1년이나 숨어 살았으니 한심한 일이 아닐 수 없었다.

러시아 공사관에 도착한 고종은 즉시 친일파 대신인 김홍집, 유길준, 정병하, 조희연, 장박 등 다섯 대신을 역적으로 규정하고 그들을 체포하여 처형하도록 명했다.

이러한 참담한 분위기 속에서 시민들을 자극하는 방이 나붙고, 그 속에는 고급 관료들을 거명하며 참수하라는 내용도 있었다. 퇴청하던 김홍집과 정병하는 체포되어 바로 타살되었다. 피신한 어윤중은 다음날 지방에서 붙잡혀 살해되었다. 유

아관파천 후 친위대 교관이 일본인에서 러시아인으로 교체되었다.

길준, 조희연, 권형진, 우범선 등은 일본인의 보호 아래 일본
으로 망명하였다. 한동안 잠적했던 김윤식은 체포되어 다음해
에 제주도로 종신 유배당했다.

이로써 친일내각은 몰락하고 박정양, 이완용, 조병직, 이윤
용, 윤용구, 이재정 등 친러·친미파 인사로 내각이 구성되었
다. 이들 중 여럿이 다시 나중에 친일파의 거두가 되었는데 정
치인이 권력을 보고 날개를 펄럭이는 것은 예나 지금이나 다를
바 없다.

하지만 러시아가 일본의 거센 반격을 이겨내며 이들을 계속

숨겨 줄 수는 없었다. 근 1년 만인 1897년 2월 25일, 고종은 러시아의 영향에서 벗어나라는 내외의 압력에 따라 러시아 공사관을 떠나 경복궁이 아닌 경운궁(지금의 덕수궁)으로 환궁하였다. 이 일련의 과정에서 압록강 연안과 울릉도의 삼림 채벌권을 비롯하여 경원·종성의 광산 채굴권, 경원전신선京元電信線을 시베리아 전선에 연결하는 권리, 인천 월미도 저탄소 설치권 등 경제적 이권을 러시아가 차지했기 때문이다. 경인선과 경원선, 경의선, 경부선 등 철도부설권은 값싼 조건으로 일본에 넘어갔다.

두 나라가 이런 식으로 앞다퉈 이권을 가져가자 다른 나라들은 국물이라도 마시려고 혈안이 되었다. 조선이 이런 식으로 강대국들의 각축장이 되었으니 나라 꼴이 말이 아니었다.

최익현은 서울에서 벌어지는 이런 사건들에 대해 웬만큼 알았지만 모르는 척 집안일을 하고 책을 읽으면서 세월을 보낸다. 벼슬도 없고, 고종의 눈 밖에 난 자신이 나설 자리가 아니라고 생각한 것이다.

최익현의 나이 55세 때에 아버지가 돌아가신다. 돌아가시기 전 반년 동안 거동을 못해 최익현은 아버지의 대소변을 받아내면서 극진히 돌보았다. 예전에는 부모님이 돌아가시면 3년 동안 무덤 근처에 초막을 짓고 지내면서 명복을 비는 것이 자

식의 도리라고 생각했다. 최익현도 고향 뒷산에 묘를 쓰고는
초막에서 두문불출, 3년상을 치른다.

마지막 애국

선유대원을 거절하다

김홍집과 정병하의 시체가 종로 네거리에 매달렸을 때 길 가던 사람들은 침을 퉤퉤 뱉으면서 이들을 욕했다.

"일본에 빌붙어 국모를 죽이더니 …. 꼴좋다."

"상투 자른 저 꼴들 좀 봐."

얼마나 원한이 사무쳤으면 죽은 사람 앞에서 예의를 갖추지 않고 손가락질하면서 욕을 해댔을까.

고종은 백성들의 지지를 전폭적으로 받는 최익현의 영향력을 잘 알았던바, '각부군 선유대원'이라는 벼슬을 내려 준다. 임금이 내린 조칙의 일부는 이랬다.

경은 훌륭한 인망으로 백성들의 존경을 받고 있으니 경의 말 한 마디 한 마디는 백성들이 믿고 따를 것이다. 의거한 민중이 스스로 의병이라 칭하고 있지만 역모를 한 무리들이 처형되고 자취를 감춘 이때, 계속 무기를 들고 있으면 안 된다. 그들로 인해 조정의 기강이 어지럽게 된다면 민란이라고 아니 할 수 없다. 이들을 회유하여 해산시키는 임무를 주겠으니 경은 지금 내 명을 받들어 길을 떠나도록 하라.

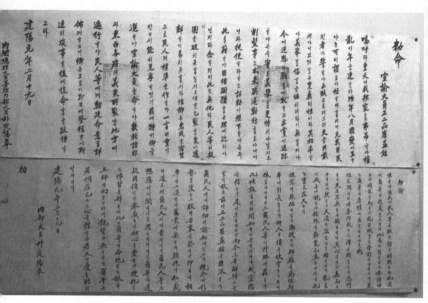

최익현을 정2품 선유대원으로 임명한다는 내용의 칙명

나라꼴을 보다 못해 자발적으로 일어난 민란이요, 의병이었다. 최익현이 이 명을 받들 리가 없었다. 거절의 뜻을 붓을 들어 전하였다. 무척 길지만 전문을 소개한다. 나라와 백성을 위한 진정성이 느껴지고 인간 최익현의 체취가 느껴질 것이다.

삼가 아룁니다. 하늘이 돌보지 않아 우리 대행왕후大行王后(왕비가 죽은 뒤 시호 올리기 전의 칭호)께서 갑자기 서럽게도 흉한 일을 당

182

하시매, 팔도의 민중들이 어른 아이 할 것 없이 모두 통곡하여 원통함을 외치면서, 맹세코 역적들과 더불어 하늘과 땅 사이에 같이 살지 않으려고 합니다. 더구나 신같이 형편없는 몸이 일찍이 천지와 부모같이 재조해 주신 은덕을 입어 생명을 보존하여 오늘에 이르게 된 사람이야 또한 어찌 십족十族(멸족은 9족까지 하는 것이 상례였는데 명나라 성조가 방효유를 멸족할 때 구족 외에 그 집의 식객 문인까지 죽여 생겨난 말)을 버리고서라도 큰 원수를 갚으려고 하지 않겠습니까?

돌이켜 보건대 신이 재주가 부족하고 힘이 모자라, 이미 능히 책의翟義(전한 말에 왕망이 섭정을 하자 책의가 군사를 일으켜 왕망을 치고 유신을 내세워 천자로 삼고 스스로 대사마라 하였다)가 왕망을 친 것과 같이 군사를 일으키지 못하고, 또한 능히 장량張良이 한나라 원수를 갚은 것과 같은 철퇴를 마련하지도 못하였기에, 다만 빨리 죽어서 여귀厲鬼(돌림병에 죽은 귀신)가 되어 역적들을 소탕하여 이 생애에 씻지 못한 원통함을 갚고야 말기를 바랐습니다.

이어 역적의 무리가 끝까지 흉계를 부려 임금과 신하를 협박, 심지어 단발하는 화까지 있어 온 나라의 풍속을 바꾸려고 하니, 신은 이에 더욱 그 죽음이 더딤을 한탄하면서 차마 종사宗社와 민생이 흙탕 속에 빠지는 것을 보고 있을 수 없었습니다. 그리하여 지난해 12월에 역적에게 잡혀 달이 넘도록 갇혀 있다가 마침 국가에서 역적들을 토죄하는 기회를 만나 비로소 석방되어 돌아갔습니다.

신이 비록 살아서 고향으로 돌아가 마음대로 누웠다 일어났다 할 수 있으나, 위로 성상聖上이 대궐을 떠나 밤이나 낮이나 근심을 놓지 못하심을 생각하고, 아래로는 백성들이 의거하여 동족끼리 서로 죽임을 생각하니, 신이 목석이 아닌 이상 어떻게 마음을 진정할 수 있겠습니까?

바야흐로 피로와 고달픔이 병이 되어 고통을 받고 있는 즈음에, 갑자기 고을 수령이 한 장의 어명을 받들고 와 전하였는데, 신으로 하여금 모든 고을의 의거한 사람들을 선유하도록 하신 것이기에, 신 두 손으로 받들어 읽어 보니, 비록 그 문구의 체제가 나라의 체통에 결함됨이 있기는 했으나 그 말씀하신 뜻의 지성스럽고 측은함은 성상께서 백성을 아끼고 살리기를 좋아하는 덕이 보통보다 뛰어남이 만만 배나 됨을 알 수 있었습니다. 비록 어둡고 완고하여 무지한 무리일지라도 모두 응당 감복하여 눈물을 흘리며 복종할 것인데, 더구나 그들은 모두 충성과 의리를 앞세운 백성들로서 그 천성의 발로를 스스로 그만둘 수 없음이 참으로 성상의 분부에 말한 바와 같은 자들이며, 또한 어찌 두리번거리며 주저하며 해산하여 돌아가기를 생각하지 않을 이치가 있겠습니까? 또한 신하된 사람으로서 임명받은 것을 태평한 때라면 사양할 수도 있겠지만 어찌 위태하고 어려운 시기를 당하여 피하려고 할 수 있겠습니까?

여기까지 보면 고종의 명에 따라 의병을 설득해 무기를 버리게 하고 각자 생업에 종사하도록 권유하는 선유대원의 임무를 수행할 것 같다.

다만 신이 용서받지 못할 큰 죄가 있고, 또한 이해되지 않는 바가 있습니다. 신이 병자년 강화조약 초두에 비록 망령되나마 상소문 한 장을 전달하였는데, 말이 분명하지 못해서 능히 성상의 뜻을 감동시켜 돌리지 못하여, 뒷날의 화와 실패가 이와 같이 되게 했으니 신의 죄를 용서하지 못할 것이 그 첫째입니다.

잔악한 무리들이 정사를 어지럽혀 오랫동안 고질이 되고 폐단이 되매, 주상의 위신이 날로 떨어지고 나라의 형체가 날로 기울어지는데도 신은 한갓 작은 염치만 지키고, 아는 것을 과감히 말씀드리지 못하여, 저절로 임금을 망각하고 나라를 저버리는 죄과에 빠졌으니 신의 죄 용서받을 수 없는 둘째 이유입니다.

해마다 나라의 변란이 임오·갑신·갑오년 및 작년과 같은데도 비록 그때 대궐 밖에 엎디어 다소 도리는 밝혔지만 끝끝내 능히 몸을 망각하고 생명을 던져 역적을 토죄하고 임금을 구출하는 계책을 하지 못하여, 사람의 도리가 끊기고 신하의 도리가 없게 되었으니, 신의 죄를 용서하지 못할 셋째 이유입니다.

신하된 사람으로서 지은 죄가 이 중 하나만 있더라도 벌을 면치 못할 것이 분명한데 더구나 신은 이 3가지 큰 죄를 겸했습니다. 비록 성상의 망극한 은덕으로 잠시 살아 있기는 하지만 마땅히 백세를 두고 군자들의 책망을 받을 것인데 어찌 부끄럽게 낯을 들고 당당한 의병 앞에서 왕명을 전할 수 있겠습니까.

여기까지는 상소문을 쓸 때 으레 하는 말이었지만 이후부터는 직접 이름들을 거론하면서 이들을 벌줌으로써 나라의 기강을 바로잡아야 한다고 주장한다.

이는 이미 그렇거니와 신이 경저京邸에 갇혀 있을 때(고종이 스스로 머리를 깎고 단발령을 내리자 최익현이 성균관에 들어가 통곡을 했고, 이 일 때문에 체포되어 경내의 사저에 갇혔었다)인 작년 12월 28일에 여러 사건을 듣거나 목격했는데 역적의 괴수 김홍집과 정병하는 모두 죄를 받았으나 조희연과 유길준 이하 모든 역적들은 도망쳐 잡지 못했습니다. 대체로 죄가 역적보다 더 큰 것이 없으니, 비록 만 토막으로 베고 그의 십족十族을 멸망시키더라도 오히려 신령과 사람들의 울분을 씻을 수 없는데, 지금 죄를 주면서도 그 죄를 분명하게 바로잡아 온 나라에 호령하지 않고, 도망갔는데도 그들의 처자를 잡아들여 엄중하게 물어서 도망간 곳을 알아내지 않고, 다만 심상한 작은 죄와 같이 하여 한결같이 불문에 붙여 오직 가볍게 하기만 힘씁니다.

대체로 죄인들을 연루시키지 않는 것은 중국 문왕의 통치 방법입니다. 그러나 지금의 김홍집·정병하 조의연·유길준 등과 같은 시역弑逆의 큰 사고를 두고 말한 것이 아닙니다. 더구나 또한 도망가 죄 주지 못한 자들을 어찌 놓아주고 다시 묻지 않아서 역적들로 하여금 기란하는 바 없이, 그 남은 종자들을 양성하여 뒷날의 걱정거리를 남기게 하겠습니까? 이는 명칭만 역적을 토죄하는 것이지 실지는 놓아주는 것입니다.

지금 이렇게 하면서 신으로 하여금 구차하게 변명하는 말을 하여 역적을 토죄하는 대중을 해산시키게 하려 하나, 그들이 만약 이러한 사실을 가지고 힐난하게 되면 신의 말과 경위가 굴하게 될 것인데, 어떻게 능히 성상의 뜻을 널리 펴게 할 수 있겠습니까? 이것이 이해되지 않는 것의 첫째입니다.

고금에 시역한 변란이 없는 때가 없었지만, 모두 그 나라의 신하에게서 생겼습니다. 지금은 여러 나라가 강화講和하여 사해가 하나로 되었으니, 마땅히 걱정거리는 같이 돌보고 원수는 같이 미워하며 신의로써 서로 접해야 될 것이지만, 저 왜적들은 이웃나라와의 우의를 생각하지 않습니다. 앞서는 박영효와 서광범, 뒤에는 조희연과 유길준이 모두 그들과 함께 음모하고 반역하지 않는 일이 없었고, 또 여러 해 동안 변란을 저지르면서 도망치는 소굴이 되어 주고 있습니다.

신이 듣건대 각국이 통상하는 데에는 이른바 공법公法이란 것이 있고 조약이란 것이 있다 합니다. 공법과 조약이란 것에 과연 이

윗나라의 역적을 도와 남의 나라 임금을 협박하고 남의 나라 국모를 시해하라는 문구가 있겠습니까? 필연코 그럴 이치가 없을 것이니, 만일 과연 없다면, 그 이른바 공법이나 조약이란 것을 마땅히 어디다가 써야 합니까?

이미 공법을 세웠고 조약을 만들었으니 마땅히 왜놈들의 죄를 밝혀 각 나라에 글을 보내어 군사를 출동시켜 죄를 묻도록 하여 분개와 미워함을 같이하는 것이 대의입니다. 지금은 그렇게 하지 못하고, 우리는 벌써부터 왜놈이 두려워 감히 입을 열지 못하고, 각 나라는 또한 당연하다고 보고 있습니다.

지금 모든 고을의 의병들이 줄기차게 왜놈들을 처치하지 않고서는 원수를 갚을 수 없다고 하니, 그 명분이 이미 바르고 그 말이 역시 순조롭습니다. 가령 신이 유지諭旨를 가지고 내려가 형편을 들어 깨우치다가, 그들이 만약 "대의에 의거하는 것이요, 성패는 상관하지 않는다"고 한다면, 신이 무슨 말로 거기에 대답하겠습니까? 이는 신이 이해하지 못하는 것의 둘째입니다.

그러고 나서 단발령에 대해 언급한다. 단발이란 것이 단순히 상투를 자른다는 의미가 아니라 조상과 전통과 풍습을 모두 부정하는 상징적인 행위로 보았기 때문이다.

개화 이후부터 선왕의 법제를 모두 고치고 한결같이 왜놈의 지휘

대로 하여 중화를 오랑캐가 되게 하고 인류를 금수가 되게 하였으니, 이는 개벽 이래 있지 않던 큰 변란인데, 머리를 깎는 일은 더욱 심한 예입니다. 다행하게도 성상께서 마음을 돌이켜 의복과 갓까지 아울러 들어 편리한 대로 하라는 분부가 있게 되었으니, 이는 진실로 하늘의 해가 거듭 밝아지는 때이겠습니다. 그러나 위로부터 명쾌하게 머리를 기르라는 분부가 계심을 듣지 못하였기에, 아직까지 머리를 보존하였던 몇몇 신하들은 도리어 애통하다는 조서가 내린 뒤에 깎았습니다.

아아, 성상께서 마음에 어찌 또한 중화와 오랑캐에 대한 따름과 배반함을 경각이라도 더디게 할 수 없음을 알지 못하셨겠습니까? 다만 이미 자른 머리를 갑자기 기를 수 없기 때문에 서서히 처리하려 하신 것입니까. 그러나 저 지극히 우매한 백성들이 망령되이 서로 짐작만 하고서, 성상께서 오랑캐 따르기를 즐겨서 백성들을 너무 속인다고 하며, 서로들 와전하여 깨뜨릴 수 없으니, 신이 비록 성상의 유지를 받들고 가 명령에 따르지 않음을 책하더라도 저들은 반드시 "어찌 명령하는 것이 우리가 좋아하는 것과 반대되느냐?"고 하면 신이 또한 대답할 말이 없을 것입니다. 이것이 신이 이해하지 못하는 것의 셋째입니다.

지금 신이 이미 큰 죄를 지었으나 조정에서 거행하는 것 중에 이해할 수 없는 것이 또한 이와 같으니 신이 비록 힘써 명령을 받들더라도, 두렵거니와 일에는 유익함이 없고 한갓 국가의 체면만 손상될까 싶습니다. 대체로 일이란 의리대로 하면 순조롭고 의리와 배반되면 거슬리는 것이니, 지금 시급히 왜놈들의 죄를 하나하나 들어 글을 만들어 동맹한 각 나라에 전달하되 공법으로써 참조하고 조약으로써 증거를 댄다면 우리의 의리는 진실로 이미 분명하고 정당한 것이요, 저들이 공법을 어기고 배반한 죄는 장차 만국의 공론을 도피할 수 없게 될 것입니다.

그리고서 우리의 군사를 정돈하여 일본에 가서 죄를 묻는다면, 저 각 지역의 군사들은 진실로 모두 이를 갈고 마음을 썩이며 몸을 버려 의리에 나설 사람들이니, 만약 그 두목들을 선발하여 대신이나 무관의 소임을 주어 각각 그 무리들을 지휘하여 진격하도록 하면 이미 일어난 사람은 말할 것도 없고 아직 일어나지 않은 사람도 어찌 소문을 듣고 서로 이끌고 나와 다투어 국가의 일에 죽으려고 하는 자가 없겠습니까? 이것은 그래도 오늘의 중책中策은 될 수 있고, 가령 그 강하고 약한 기세를 비교하고 많고 적음이 대적되지 않음을 헤아려 가능한 시기를 기다리되, 또한 마땅히 우리의 전례典禮를 보전하고 우리의 문물을 회복하여 무릇 정사와 법령에 조금이라도 오랑캐 풍속에 물든 것은 일체 폐지하고, 다시 애통하게 여기시는 조서를 내려 분명하게 깨우쳐 고치는 뜻을 보이신다면 저 벌처럼 둔치고 개미처럼 모인 무리들은 장차 선유宣諭를 기다리지 않고도 모두 군기軍器를 버리고 해산하여 돌아가게 될 것이니, 이는 하책입니다.

만일 그렇게 하지 않고 한갓 백성들의 시끄럽고 어지럽게 하는 것만 미워하여 구차하게 눈앞만 진정시키려고 하며, 왜놈들의 역적 보호가 전과 같고 조정의 체발剃髮이 전과 같다면, 저 지극히 우매하면서도 신통한 백성들이 어찌 스스로 속기를 즐거워하며 홀연히 해산하고 돌아가려고 하겠습니까? 대체로 해산하여 돌아가려고 하지 않게 되면, 반드시 우레와 벽력같은 군사가 뒤따르게 되어, 만나는 때마다 절단나지 않음이 없게 될 것입니다. 아아, 이들은 본래 우리 성상의 백성인데 군사를 몰고 가 그들을 죽이는 것이 어찌 성상이 할 일이겠습니까? 이는 쓰지 못할 계책입니다.

중책中策을 쓰신다면, 신이 비록 늙었지만 그래도 마땅히 관군의 선두가 되어 죽음도 감히 사양하지 않겠습니다. 만약 할 수 없어 하책을 쓰신다면 조정에 연세 높고 덕망 있는 적임자가 있을 것이니 신같이 못난 사람으로 구차하게 막중한 선유의 소임에 충당할 것이 아닙니다.

지금 이 2가지 계책으로 하지 않고 한갓 신으로 하여금 도로徒勞에 분주하게 하신다면 신은 차라리 임금의 명령을 어기고 오만했다는 죄를 받을지언정 진실로 감히 억지로 그 이해되지 않는 것을 무릅쓰고 천만 사람의 비웃음을 살 수는 없습니다.

신이 감히 명을 듣고 즉시 길을 나설 수도 없었으나, 또한 감히 편히 집에 있을 수도 없기에 삼가 이렇게 길에 나와서 공손히 죽여 주시는 죄를 기다리오니 오직 성상에서 재량하여 주소서. 신은 바

라는 마음 간절하고 황공함을 이기지 못하면서 삼가 죽음을 무릅
쓰고 말씀드립니다.

언중유골言中有骨이라고, 신하 된 예를 최대한 갖추어서 말하
되 선유대원으로 나서지 않겠다는 뜻을 분명히 밝히면서 고종
의 무능함을 은근히 지적하는 내용이다. 고종은 이제 자신을
꾸중하는 부하의 글을 읽고도 고개만 끄덕이고 있었다. 이 상
소문에 대한 답을 하지는 않고 이도재를 동도선유사로, 신기
선을 호서선유사로 삼아 국토의 동쪽과 서쪽에서 일어난 의병
을 무마하라고 보낸다.

1897년 10월, 고종은 내우외환內憂外患에 시달리는 국가의
기강을 바로잡고 외국의 극심한 내정간섭에 대항하여 완전한
자주독립국을 자처하고자 국호를 '대한제국'으로, 연호를 '광
무光武'로 정하고 임금 칭호를 '고종황제'로 하는 등 국가 체제를
정비했다. 그러나 이미 나라의 운명은 바람 앞의 등불이었으
니 죽어가는 자의 마지막 몸부림 같은 것이었다. 이미 세상에
없는 왕비에게는 '명성황후'라는 이름이 붙여졌다.

12조의 시무책을 올리다

그 다음해인 1898년, 고종은 최익현에게 '의정부 찬정'이라는
벼슬을 내린다. 외국에 의존하여 자기 자리를 지키려는 대다
수 고관대작들과 달리 자기 주관이 확실한 최익현 같은 이가
조정에 들어오기를 바랐기 때문이다. 하지만 최익현은 왕명을
거절하며 그 이유를 다음과 같이 글로 밝힌다.

성상께서는 자질이 순박하고 인자하시며 남을 사랑하고 옛것을
좋아하십니다. 그러나 마음이 외래품에 현혹되고 성품이 욕심 부
리는 일에 습관이 되었으며, 유약함은 넉넉하나 강단이 부족합니
다. 작은 일에 밝고 큰일에 어두우며, 아첨을 좋아하고 정직을 좋
아하지 않으며, 안일을 알고 노고를 알지 못하시어, 삼십여 년 동
안 하늘이 위에서 경고하는 것을 깨닫지 못하고 백성이 아래에서
원망하는 데도 돌보지 않으시어 오늘날의 화를 초래한 것입니다.

충신의 간곡한 하소연에 발끈 화를 내며 흑산도 3년 유배형
을 내리는 고종이 이제는 더 이상 무섭지 않았다. 최익현은 이
와 같이 매서울 정도로 고종을 비판하였다. 아마도 조선조 500
년 역사를 통틀어 신하가 임금에게 올린 상소문 가운데 이보다

황제 즉위식을 올린 후에 찍은 고종의 사진.
고종이 67세로 눈을 감은 직후에 3 · 1운동이 일어난다.

더 준엄하게 꾸짖는 내용의 글은 없으리라. 임금이 정신 차리고 정치를 잘했으면 나라가 이 모양 이 꼴이 되었겠냐는 책임 추궁의 글을 고종이 예전에 읽었더라면, 흑산도 귀양 3년이 아니라 사약이라도 내렸을 것이다. 최익현은 이렇게 덧붙인다.

허물 고치기를 아낌없이 하시고 충언 듣기를 물 흐르듯이 하시며, 누구도 빼앗지 못할 용기를 기르시고 금석도 꿰뚫는 성의를 가지시면 하늘도 돌보고 저 또한 도울 것입니다. 만일 그렇게 하지 않으면 강한 적들이 틈을 노리고, 도망간 역적들이 다시 난을 일으킬 것입니다.

조정에는 의지할 신하가 없고 백성은 들고일어날 형세를 보이고 있습니다. 임금이라는 자리는 고립된 데다가 하늘의 뜻도 쉽게 헤아릴 수 없으니 비록 지혜로운 사람이라 하더라도 어찌할 수 없을 것입니다.

마음을 굳게 먹고 위로는 하늘의 뜻을 헤아리고 아래로는 백성의 아픔을 돌보소서.

한 마디 한 마디 충신의 간곡한 당부가 아닐 수 없다. 나이 어언 66세에 이른 최익현, 더 이상 두려울 것 없다는 마음으로 고종에게 제발 좀 정신 차려서 나라를 다스리라고 쓰고는 붓을 거둔다.

이 글을 읽은 고종은 예전처럼 화도 내지 않는다.

"그대의 뜻을 잘 알겠지만 어찌 마주 보고 이야기하는 것만 같겠는가. 아침저녁으로 내 곁에 있어 주기를 바란다. 배운 학문을 널리 펴려면 경이 필요하다. 사양하지 말고 입궐하여 나를 돕는 일에 더욱 힘쓰도록 하라."

이렇게 끝나는 답을 내려 신하의 도리를 다하라고 간청하였다. 외세에 시달리느라 고종의 마음이 많이 약해진 탓도 있었겠지만 최익현의 애국심을 깊이 믿었기에 고종이 오히려 최익현의 마음을 돌리려 애를 쓰고 있었다.

고종의 당부가 워낙 간곡하여 거절하기가 어려웠지만 최익현은 다시금 벼슬을 하지 않겠다는 거절의 상소문을 올리는데, 이번에는 그 내용이 '시무 12조', 즉 국정에 대한 12가지 부탁이었다.

1. 신하들과 함께 공부하는 시간을 가지소서.
2. 음식을 함부로 들어 건강을 해치지 마소서.
3. 내시나 궁녀 등 사사로이 모시는 이를 멀리하소서.
4. 물건을 아껴 쓰는 모범을 보이소서.
5. 대신들을 잘 감독하여 이들이 자기 일을 열심히 하게 하소서.

6. 상벌을 확실히 하여 기강을 세우소서.

7. 만민공동회를 혁파하여 변란의 조짐을 막으소서.

8. 부모의 상중에 있는 관리는 기용을 금하여 효를 다하게 하소서.

9. 왕실에서 쓰는 모든 돈을 절약하소서.

10. 군사들을 잘 훈련시키고 군법을 엄히 하소서.

11. 국가의 원수와 역적은 벌을 주어 대의를 밝히소서.

12. 중국이나 일본에 의존하려는 이를 경계하소서.

모두가 임금이 새겨들어야 할 것들이다. 여기에는 고종에 대한 충성심도 잘 드러난다. 그래서인지 고종은 "그대가 논한 바는 실로 충심에서 나왔으므로 짐이 아름답게 여기니 시행하도록 하겠다"라는 글을 내린다.

최익현에게는 '궁내부 특진관'이라는 벼슬을 내린다. 벼슬을 뿌리치는 최익현의 고집도 대단하지만 신하를 자기 곁으로 오게 하려는 고종의 고집도 어지간하다.

만민공동회萬民共同會를 혁파하라는 일곱 번째 요구는 문제가 좀 있다. 만민공동회는 서재필이 중심이 되어 조직한 독립협회의 정치활동 중 하나였다. 1896년 서울에서 조직되어 1896년 7월부터 1898년 12월에 걸쳐 열강에 의한 국권침탈과 지배층에 의한 민권유린의 상황 속에서 자주국권·자유민권·자강

개혁사상에 입각해 근대화 운동을 전개한, 우리나라 최초의 근대적인 사회정치단체다. 정부의 친러 정책과 비자주적 외교에 반대하면서 자주외교와 국정개혁을 주장하는 등 성과를 보였으나 보수세력의 무고誣告로 독립협회 자체가 해산되는 등 탄압을 받게 되었다. 최익현은 오해도 좀 했었고 진보세력의 움직임이 나라에 과연 도움이 될까 하는 우려도 들어 이에 반대한 것이다.

최익현은 이번에도 벼슬 제수를 거절하는 것은 도리가 아니라고 보고 서울로 올라가서 민가에 머물고 있었는데, 11명의 중신들에게 중추원에 모이라는 전갈이 내려진다. 그 11명은 민영준, 민영환, 이중하, 박경양, 한규설, 윤치호, 김종한, 박영효, 서재필, 윤용구와 자신이었다.

최익현은 갑신정변을 일으키고 갑오개혁을 단행하는 데 앞장선 박영효와 서재필 등이 일본에 망명했다가 10여 년 세월이 흘러 다시 귀국하여 조정의 중신이 된 것을 못마땅하게 여기고 있었다. 그래서 그 자리에 못 나가겠다는 내용의 상소문을 고종에게 올린다.

영효·재필의 죄를 성토하시고, 나라를 위태롭게 한 이들을 새 사냥하듯, 풀 베듯 남김없이 없애야 합니다. 그리고 저의 이름을 모

든 공식문서에서 영원히 삭제하여 거듭 추한 욕을 받지 않도록 하
여 주시기 바랍니다.

최익현이 무시무시하게 쓴 상소문에 대해 고종은 다음과 같
이 거의 애원조의 답글을 내린다.

의리가 공명정대하고 말이 모두 절실하니 짐이 유념하겠다. 하지
만 경은 사양하지 말고 공무를 집행하라.

그래도 최익현은 벼슬을 하지 않고 아예 여행을 떠난다. 나
이 어언 67세가 된 1899년, 최익현은 경기도 양평에 있는 백운
사를 유람하고, 다시 춘천 곡운에 가서 구곡 등 명승고적을 구
경하였다.

1900년에는 고향을 떠나 서울에서도 한참 거리인 충남 청양
군 목면 송암리(속칭 장구동)로 이사하였다. 조정과 정신적으
로도 지리적으로도 거리를 두기 위해서였다. 최익현은 그 뒤
홍천, 지평, 제천, 안동, 경주 등지를 여행하면서 친척과 벗들
을 방문하고, 강연을 하면서 몸과 마음이 안정되어 갔다.

1902년에 궁내부 특진관에 다시 임명되지만 이번에도 상소
를 올려 거절하였다. 이때 올린 상소문도 명문이다. 이런 상소

장구동에 세워진 집이라 하여 구동정사로 불린 집이 청양군의 모덕사에 옮겨져 있다.
최익현은 1900년에 이 집으로 이사를 가, 노년기의 6년을 살았다.

문이야말로 최익현의 성격과 기질, 애국과 우국의 정신을 잘
나타내 주는 것이라 생각하여 전문을 싣는다. 건너뛰어도 무
방한 부분이다.

삼가 아룁니다. 신이 용렬 우매하고 허약한 몸으로 앉아서 조정의
명령을 어긴 지 이미 석 달이나 되었습니다. 죄를 인책하여 처단
하시기를 바라며 재차 호소하는 상소문을 올렸는데 하늘같이 크
신 성상의 도량으로 곧 형벌을 가하지 않으시고 미친 사람 같은 말
을 받아들여 누차 은덕과 권장을 내리셨고, 또한 신을 궁내부 특

충남 청양군의 최익현 동상.
좌대의 7각형은 칠갑산을 상징한다. 1973년에 제막되었다.

진관에 임명하시니 신은 더욱더 황공하고 놀라며 떨리어 몸 둘 바를 알지 못하겠습니다.

대체로 신하 된 사람이 인군을 잘 섬기려면 자신의 재능을 헤아려 나서거나 물러설 때를 알아야 한다 했습니다. 진실로 자신의 재주가 정사에 도움이 될 수 있다면 비록 승전乘田이나 위리委吏라도(승전과 위리는 벼슬 이름. 춘추시대 노나라의 낮은 관직으로 공자가 일찍이 이 벼슬을 지냈다. 승전은 가축을 맡은 관리고 위리는 창고의 출납을 맡은 관리) 그 직책을 스스로 다할 곳 아닌 데가 없는 것이요, 만약 그런 인재가 아니라면 비록 조정에 앉았더라도 반식伴食과 삼지三指의 아류(반식과 삼지는 하는 일 없이 자리만 지키는 무능한 재상을 비웃는 말)에 지나지 않는 것입니다.

신의 무능함은 진실로 성상께서 이미 통촉하신 바이며, 또한 병자년 이래로 구구하나마 처신하신 의리가 망령되지만 지키는 바가 있어 감히 다시는 이 세상의 일에 참여하지 않았습니다. 더구나 지금이 어느 때이며 또한 어떤 처지에 있기에 오래도록 죽지 않고서 부끄럽게 머리를 내놓겠습니까?

지금 신을 책망하는 사람들이 모두들, "바야흐로 지금 나라 사세가 위태하여 군부께서 고립되시니 소소한 염치를 지키느라 큰 의리를 잊을 수 없다"고 합니다. 대체로 신 역시 실로 전혀 큰 의리에 어두운 자도 아니요, 또한 망령되이 은거하려는 자도 아닌데 어찌 능히 국가가 멸망하게 되는 것을 그대로 보기만 하고 조금도 마음을 움직이지 않을 수 있겠습니까? 생각하옵건대 신은 방황하고 주저하여 나서려 하다가도 못 하는 바가 있습니다.

대체로 재주의 유무와 시기의 치란治亂을 생각하지 않고 뜻을 펴 보려고 한다면 지혜로운 사람이나 우매한 사람 할 것 없이 똑같을 것이니 전일 상소에 진달한 바, 열두어 가지 일에 한 가지 일이라도 시행되지 않는 것이 있어서는 나라가 되지 않고 정사도 하지 못하게 될 것입니다.

열두어 가지 일 중에 더욱 크고도 시급한 것이 있으니, 마음을 바로잡아 조정을 안정시키는 일입니다. 그러므로 신이 이미 근래의 화와 변란의 까닭을 차근차근 전달하여 반드시 성상에서 마음에 생각하여 반성하시도록 하고, 근래에 취하고 버린 경험을 하나하나 진달하여 반드시 성상께서 마음에 시험하여 살피시도록 한 것입니다.

여기까지는 제대로 보필하지 못한 자신을 책하기도 하고 고종의 부름에 응하지 못함을 송구스러워하기도 하는데 아연 태도를 바꿔 고종을 질타하기 시작한다.

이 두 가지 일은 실로 오늘날 흥하느냐 멸망하느냐의 큰 고비로서 태만히 할 수 없는 것입니다. 그런데 성상께서는 보시기를 형식으로만 하여 준례準例대로 너그러운 은혜로 받아들일 뿐, 조금도 진작하여 해보려는 뜻이 시행하는 일 사이에 나타난 것이 없습니다. 이는 신의 성의가 천박하여 능히 성상의 마음을 감동시키지 못했기 때문입니다. 정성이 지극하지 못하면서 임금을 섬기려고 하는 것은 신으로서는 못 할 일이니, 다만 마땅히 한탄을 안고 몸을 마치며 스스로 미미한 뜻을 지킬 뿐입니다. 따라서 태만하고 불경한 죄 더욱 용서받을 수 없게 되었습니다.

삼가 바라옵건대, 성상께서 시급히 처분을 내리시어 먼저 신의 직명을 거두시고, 이어 형조에 명하여 신의 전후 죄상을 살피도록 하시어 별 게 없으면 신의 지조를 격려하고 천한 분수에 편히 있도록 하여 주소서.

신은 떨리고 두려우며 명을 기다리는 마음 간절하옴을 견디지 못하옵고, 삼가 죽음을 무릅쓰고 말씀드립니다.

여기서부터 최익현은 무력으로 협박해 불합리한 통상조약을 강제로 맺고 국모를 무자비하게 살해한 일본 편에 서서 행동한 박영효와 서재필을 벌하라고 목숨을 걸고 간청한다.

상소가 이미 이루어졌는데 한편 요사이 전하는 말을 듣자니, 중추원 회의에서 사람을 천거한 것이 열하나인데, 신의 이름자가 또한 박영효·서재필과 더불어 그 속에 섞여 있고, 또한 전적으로 박영효를 천거하는 흉측한 상소를 올린 자까지 있다는 것입니다. 신이 비록 그것이 사실인지 와전된 것인지 잘 알지 못합니다. 그러나 저절로 모골이 송연해짐을 깨닫지 못해, 다만 늙도록 죽지 않아 이런 추하고 욕됨을 당하는 것이 한스럽습니다.

대체로 두 역적이 천지에 용납되지 못한 지 오래입니다. 신이 전일 상소문에 이미 대략 전달하였는데도 성상께서 능히 분발하여 위엄으로 결단하지 못하심으로 말미암아 아직도 그들의 머리가 붙어 있는 것이요, 또한 갑오년과 을미년의 여러 역적들에게 협박당하게 되시어 죄명을 씻어 주는 일이 있게 된 것입니다.

그러나 이것이 어찌 성상께서 하고 싶은 것이었겠습니까? 실로 부득이해서 하신 것이니, 신하 된 사람들이 마땅히 성상의 마음을 헤아려 시급히 나라의 법대로 분명히 죄 주어 사람들의 울분을 풀어 줄 것을 청했어야 할 것입니다. 그런데 도리어 이 역적들과 조정에 같이 있으면서 조금도 부끄럽게 여기는 마음이 없으니, 진실로 세도世道의 큰 변고로서 사람들 마음의 절망감이 이와 같이 심하지는 않았습니다. 오늘날에 이르러서는 그야말로 방자하게 추천하고 성상 또한 이들이 진실로 인재이며 현명하다고 여겨 조금도 고려하거나 꺼리는 것이 없습니다. 두 역적의 역적 됨은 두말할 것이 없는데 이 역적들을 추천하여 내세우는 자들은 그들과 한통속이 아니겠습니까?

성상께서 두 역적을 잡아 베려고 하신다면 마땅히 먼저 그 무리에서 앞잡이 노릇 하는 자들을 베어야지만 난적들이 두려워하게 되고 기강이 세워지게 될 것입니다. 그렇지 아니하면 두 역적 외에도 유길준·조희연 등 여러 도망간 역적들이 있으니, 계속해서 나와 모두 권세 있게 쓰이기를 청하게 되어 나라가 망하게 될 것입니다. 천하에 어찌 이런 일이 있겠습니까?

삼가 바라건대 성상께서 결단을 밝게 내리시어, 그 이른바 중추원에서 건의한 자들 및 흉한 상소를 올리는 자들을 아울러 모두 짐승 사냥하듯, 풀 베듯 하시고, 정부에 명하여 시급히 역적들이 숨어 있는 나라에 사람을 보내 잡아 오게 하여 법대로 다스려 뿌리를 끊어 버려야 합니다. 또한 영구히 국가문서 속에서 신의 이름을 지우시어 거듭 추하고 욕됨을 보지 않도록 해주시면 이보다 다행한 일은 없을 것입니다.

입궐 요청도 집요했지만 참으로 지독한 거부 의사였다. 이미 현실 정치에서 발을 뺀 최익현으로서는 꼴도 보기 싫은 대신들과 말다툼을 다시 할 생각만으로도 몸서리가 쳐졌다.

정헌대부로 승진시켜 줄 테니 입궐하라는 명을 또다시 받았지만 이번에는 지리산으로 여행을 떠났다. 이렇듯 노년기를 비교적 유유자적 보내고 있는데 어지러운 세상은 정계에서 은퇴한 최익현을 그냥 쉽게 놔두지 않는다.

이질로 고생한 뒤 고종을 만나다

러일전쟁에서 러시아가 승리했더라면 한반도의 운명도 바뀌었을 것이다. 하지만 이미 결과가 나온 역사에 가정법이란 있을 수 없다. 1904년, 일본은 러시아를 상대로 전쟁을 일으키고 승리하는 과정에서 조선을 식민지로 삼으려는 욕심을 노골적으로 드러낸다. 일본은 고종과 조정의 대신들을 협박하여 2월에는 한일의정서를 체결하고 8월에는 제1차 한일협약을 강제로 체결한다.

한일의정서 제1조는 "대한제국 정부는 대일본제국 정부를 믿고 시정施政의 개선에 관하여 그 충고를 들을 것"이다. 이 의정서에 근거해 일본은 군사적 목적을 위해 광대한 토지를 군사용지로 점령했고, 3월 말에는 한국의 통신기관도 군용으로 강제 접수했다. 이 의정서에 따라 대한제국은 러시아와 체결했던 모든 조약과 협정을 폐기한다고 선언했고, 경부선과 경의선 철도부설권도 일본에 넘겼다. 이제 일본은 한국을 야금야금 파먹어 들어오고 있었다.

제1차 한일협약 내용은 더욱 노골적이었다.

대한정부는 대일본정부가 추천하는 일본인 1명을 재정고문으로 하여 대한정부에 파견하고, 재무에 관한 사항은 일체 그의 의견을 물어 실시할 것.

대한정부는 대일본정부가 추천하는 외국인 1명을 외무고문으로 하여 맞아들이고, 외교에 관한 용무는 일체 그의 의견을 물어 실시할 것.

대한정부는 외국과의 조약 체결이나 기타 중요한 외교 안건, 즉 외국인에 대한 특권을 넘겨주거나 계약 등의 일처리를 할 때 미리 대일본정부와 토의할 것.

이런 내용을 보면 이미 나라를 빼앗긴 것이나 마찬가지다. 고종은 분통이 터졌지만 일본은 청나라와의 전쟁에서 이미 이겼고, 이번에는 러시아와의 전쟁에서도 이긴 막강한 군사력을 가졌으니 서명을 할 수밖에 없었다. 이런 일을 당한 후 고종은 신하 최영년을 보내 최익현에게 밀서를 전한다.

짐의 근심이 매우 커 경의 노숙한 덕을 사모하노라. 짐은 자리를 비우고 대신 경을 맞이하여 이 위기를 모면할까 하여 최영년을 보내 짐의 간절한 뜻을 전한다. 경이 거듭 노쇠하다고 말하지만 빨리 와서 짐의 애타는 마음에 부응하면 이 나라와 강토를 위해 다행이겠다.

고종이 쓴 이 밀서를 받자 최익현은 착잡한 심정에 사로잡힌다. 이렇게까지 간곡히 부탁하는데도 응하지 않는다는 것은 신하의 도리가 아니라는 생각이 들었다. 최익현이 망설이고 있음을 눈치챈 고종은 이때다 하고는 궁내부 특진관이란 벼슬을 또다시 내린다.

최익현의 그때 나이 72세, 이제는 몸이 마음을 따라가지 못할 때였다. 고종이 말한 '노쇠'는 과장된 말이 아니었다. 몇 날 며칠 심각하게 궁리한 최익현은 다시 거절의 상소문을 올린다. 고종은 윤허하지 않는다는 편지를 다시 보내고…. 무려 네 번이나 두 사람 모두 비슷한 내용의 편지를 쓴다. 최익현이 고종에게 올린 글 중에 이런 것이 있다. 이질에 걸려 설사를 계속 하면서 힘든 상태에서 쓴 것이다.

인생의 큰 은혜는 오직 임금과 어버이인데, 지금 신에게는 어버이가 없으니 마음을 다 바쳐야 할 곳은 폐하뿐입니다. 폐하의 형세가 저와 같이 위급하고 외로워서 날마다 요사스런 도깨비들의 협박에 곤란당하는 것을 눈으로 보면서도 신이 능히 힘을 내고 꾀를 내어서 구원하고 보호하는 방도를 못 하니 사람의 도리가 아니고, 신하의 본분이 결핍되었습니다. 죄를 짓고 한을 품고 죽어도 눈을 감기 어려운데, 폐하께서는 저에게 나랏일을 맡기십니다. 폐하께서는 병든 저를 불쌍히 여겨 이 신하가 안심하고 죽어 가게 하시기를 엎드려 청하옵니다.

최익현의 편지를 보고 고종은 일종의 위문편지를 보낸다.

경의 정성스러움을 이제야 알겠도다. 시대의 근심이 한창인데, 그대의 학문으로 구제함이 시급하다. 사직은 허락하지 않을 것이다. 그 병은 약을 쓰지 않아도 저절로 낫는 수가 있다. 병세가 조금 좋아지기를 기다려서 곧 올라오기를 바란다.

이 편지를 보면 고종이 최익현을 얼마나 마음 깊이 믿고 의지하려 했는지를 알 수 있다. 고종의 말마따나 약을 별로 안 썼는데도 이질은 그 후 말끔하게 나았고, 최익현은 마침내 대궐로 들어간다. 그간 수도 없이 서신을 주고받은 왕과 신하. 하지만 직접 대면한 것은 실로 십수 년 만이었다. 그 동안에 임금도 늙었고 신하도 늙었다. 고종도 어느덧 53세에 이르렀다(고종이 19년 연하다).

임금이 되고 마음 편히 잠든 날이 없던 고종이었고, 관직에 나온 이래 나랏일로 근심하지 않은 날이 없던 신하 최익현이었다. 무릎 꿇고 엎드린 최익현은 감정이 북받쳐 한동안 말을 잇지 못했다. 고종도 많이 미안했던지 한동안 말문을 잃고 백발이 성성한 신하를 내려다보기만 했다.

"고개를 드시오."

한참을 침묵하던 최익현이 마침내 고개를 들어 고종을 바라보았다. 입을 열어 한 마디 한 마디 하는데, 말이 마구 떨려 나왔다. 수백 번도 더 하고 싶던 말이었다.

"폐하! 오늘날 민심이 풀어져 흩어짐은 모두 을미년 변고 이후에 죄진 자를 벌주지 않았기 때문입니다. 폐하께서 겉치레만 일삼고 성실한 마음으로 정사에 임하지 않는다면 민심은 다시 돌아오지 않을 것입니다."

예전 같으면 고종의 얼굴이 흙빛이 되거나 이마에 주름이 모아졌겠지만 나라의 운명이 백척간두 꼴이 되었으니 충신의 말 한 마디 한 마디가 뼈에 사무쳤다. 고개를 끄덕이며 듣고만 있었다.

"폐하! 폐하께서 을미년 난리 이래 조금이라도 분발하여 힘썼더라면 오늘날 나라의 형세가 이 지경에 이르지는 않았을 겁니다. 지금 온 나라 온 백성이 모두 일본의 포로가 되어 참혹하게 짓밟히고 있건만 누구도 나서서 이들을 구해 내지 못하니아, 이것이 하늘의 잘못입니까, 시대의 잘못입니까? 생각이 여기에 미치면 신臣, 다만 벽에다 머리를 찧으며 죽고 싶을 따름입니다."

여기까지 말하고 최익현은 그만 울음을 터뜨리고 만다. 간
신히 숨죽이고 있던 울음이 마침내 통곡이 되어 터져 나오자,
옆에서 시중을 들던 신하들도 일제히 눈시울을 닦는다.

고종도 눈물을 뚝뚝 흘린다. 붉은 눈시울로 내려다보니 몰
라볼 정도로 늙은 신하가 엎드려 있다. 최익현은 눈물을 닦고
정신을 차리고는 계속해서 5가지를 건의한다. 이것이 5조의
시무책이다.

"어진 인재를 택해서 나랏일을 맡기십시오. 백성들에게 세
금을 과하게 거둬 원망을 사지 마십시오. 학교를 세워서 인재
를 양성하십시오. 신의를 닦아서 이웃나라와 교섭하십시오.
나라의 예법을 바로 세워서 삿된 사상이 들어오는 것을 막으십
시오."

이 5가지를 말한 뒤에야 발이 저려 비틀거리며 물러나온다.
군신유의君臣有義, 조선조 500년 역사에 있어 이보다 더 이 말
을 잘 나타낸 군신의 관계가 있을까.

최익현은 그날부터 대궐 문 밖에 돗자리를 깔고 부복한 채
자기가 건의한 내용을 고종이 시행하기를 기다린다. 때는 12
월 초, 날씨가 몹시 쌀쌀할 때였다. 밤에는 특히 견디기가 어
려웠다. 외국의 압력에 마지못해서가 아니라 임금이 스스로

조칙을 통해 개혁을 해야만 민심이 움직일 거라 믿었던 최익현은 자기 나름대로 최후의 수단으로 돗자리 위에서 항의를 계속했다.

닷새가 지나고 엿새가 되어도 조정에서는 아무런 기별이 없었다. 최익현이 궐 밖에서 하명을 기다리고 있음을 고종도 모를 리 없었지만 이미 사지가 잘려 옴짝달싹할 수 없는 신세였다. 우선은 궐내 친일세력의 눈치를 보아야 했고 그 다음에는 그들 뒤에 있는 일본의 눈치를 보지 않을 수 없었다. 최익현의 저런 극단적인 행동이 이해가 안 되는 것은 아니었지만 부담스러운 것도 사실이었다. 도무지 뾰족한 수가 없어 보였다.

그렇게 날짜만 흘려보내다 엿새째 되는 날 최익현은 불현듯 상소문을 쓴다. 손이 곱아서 글씨가 잘 써지질 않았다.

신이 궐문 밖에서 명을 기다린 지 벌써 엿새째입니다. 신의 말이 옳다면 국정에 반영하겠다는 말씀을 하시고 옳지 않다면 죄를 주는 것도 아끼지 말아야 마땅하온데 이도 저도 하지 않으시니 폐하께서는 신을 희롱하신 것입니다. 신이 보잘것없지만 또한 수치스러움을 아는데 폐하께서는 어찌하여 신하를 가볍게 봄이 이에 이르렀습니까? 폐하께서는 벼락 같은 위엄을 바삐 내리시어 신의 미치고 망령된 죄를 다스려서 신하 된 자들의 경계가 되게 하소서.

상소문을 상당히 과격하게 썼는데 고종은 최익현의 마음을 잘 아는 나머지 화를 내지 않고 달래는 편지를 전한다.

경의 정성은 충분히 알겠다. 말한 바가 모두 절실하니, 깨우쳐 살펴 받아들이지 않을 것이 없다. 하지만 오늘날 나라 형세의 떨치지 못함은 오래된 고질 같아서 달月을 기약해서 치료해야지, 환약 한 개로 하루에 소생하기를 바랄 수는 없는 것이다. 방금 말하고 즉시 그 효과를 구하는 것은 시기에 알맞은 조치를 익히 생각지 못한 것이 아닌가? 내 걱정도 이해해 주고 나랏일을 함께 힘써서 이룩하자꾸나.

두 사람이 주고받은 글의 내용을 보면 왕과 신하 사이를 넘어서는 끈끈한 정이 느껴진다. 고종의 이 글을 받고 최익현은 돗자리를 돌돌 말았다. 등 굽고 머리 허연 70대 노인이 건의사항을 들어 달라고, 그것도 겨울철에 밤낮을 가리지 않고 일주일 동안 궁궐을 향하여 차가운 돗자리 위에서 시위를 했으니, 최익현은 정말이지 '대쪽 같은' 사람이었다. 몸도 마음도 '꼬장꼬장' 그 자체였다.

최익현은 보름 뒤에 또다시 상소를 올리는데, 이번에는 일본의 돈을 빌려서 쓰는 차관借款에 대해 항의하는 내용이었다.

고종과 최익현이 상소문과 하교로 정치적인 문제들을 논의하는 것을 눈치챈 일본은 이들을 그냥 두지 않기로 한다.

두 차례 강제 송환되다

최익현은 여관에서 먹고 자며 서울생활을 이어 나간다. 최익현이 배고픔과 추위로 고생한다는 말을 들은 고종은 마침 연말이기도 하여 돈 3만 원과 쌀 석 섬을 보내 준다. 1905년 정월 초하룻날 최익현은 돈과 쌀을 고종에게 되돌려 준다.

'정말 깐깐한 노인일세.'

고종은 혀를 찼다. 이렇게 빈틈없는 사람이라면 벼슬을 줘야만 봉급을 받을 것이라 보고 고종은 그달 14일에 최익현을 경기관찰사에 제수한다. 이에 최익현은 또다시 사직의 상소문을 쓴다. 이것 역시 일전에 올린 5조의 시무책을 더욱 강조한 내용이었다.

특히 이번 상소문 안에는 나라를 팔고 정사政事를 어지럽힌 대신 6명을 참수하라고 간청하는 내용이 적혀 있었는데 이것이 화근이 된다. 친일파들을 보호할 책임을 지고 있던 일본은 이 상소문을 입수해 읽어 보고는 마침내 최익현 체포 명령을 내린다.

겨울바람이 매섭게 불어 대는 2월 6일, 여관으로 일본군 9명이 들이닥쳤다. 그중 제일 높은 일본군(계급이 '대관'이었음)이 최익현을 보고 이렇게 물었다.

"최 판서 대감입니까?"

"그렇다."

대관은 모자를 벗고 경례를 했다.

"저희 사령관이 대감께 질문할 것이 있다면서 모셔 오라고 하십니다."

"자네 사령관 이름이 장곡천長谷川(하세가와)인가?"

"그렇습니다."

당시 일본군 헌병대 사령관의 이름은 하세가와 요시미치長谷川好道였다.

"장곡천이 나를 보려면 제가 스스로 와야 마땅한데 어찌 감히 부하를 시켜 나를 부르는가? 너희들은 속히 가서 장곡천을 데리고 오너라."

대관이 "대감, 정말로 가시지 않겠습니까?" 하고 물으니 최익현이 버럭 소리를 질렀다.

"내가 가지 않으면 네가 어찌할 셈인가? 나는 이 나라의 대감이다. 어찌 그가 부른다고 가겠는가? 너희들은 지금 가서 반드시 임권조와 장곡천을 데리고 오너라."

일본군들은 서로 쳐다보며 웃었다.

임권조林權助(하야시 곤스케)는 주한공사로 부임하여 한일의 정서 수립, 한일협약 체결, 을사조약 체결 등 한국의 국권 침탈을 위한 일제의 대표자로 활동하던 인물이었다.

일본군 대관이 옆에 있는 부하에게 물었다.

"저 영감이 노망이 들었나, 아니면 본래 성품이 저런가?"

그러더니 대답도 듣기 전에 칼을 빼 들었다.

"대감. 가겠소, 안 가겠소?"

두 부하가 달려들어 최익현의 소매를 한쪽씩 잡았다.

"아무리 무례하기로서니 어찌 감히 나의 소매를 잡느냐?"

이런 실랑이를 지켜보던 여관 주인이 대관에게 말했다.

"대감께서 아직 세수를 하지 않았고 진지도 잡숫지 않았으니 조금 기다리시지요."

대관이 허락하자 최익현은 방에 들어가 의복과 갓을 갖고 나왔다. 여관 주인이 대야에 물을 떠다 바치니 최익현은 세수를 하고 옷을 차려입었다. 잠시 후에 음식을 올리니 평상시처럼 한 그릇 다 들고 좌우를 돌아보면서 이렇게 말했다.

"이것은 임권조, 장곡천이 하는 짓이 아니고 모두 우리나라 역적 5~6명이 시켜서 하는 짓이다. 내 나이 일흔이 넘어서 죽을 때가 다 되었는데 죽을 곳을 못 마련해 한이더니 오늘은 임권조, 장곡천과 더불어 사생결단을 내겠다."

일본군은 교자(지붕 없는 가마)에 최익현을 태웠다. 일행은 일본 헌병대에 이르렀다. 자리를 정하기도 전에 최익현이 큰소리로 물었다.

"누가 장곡천인가?"

한 일본 군인이 명함을 주어서 보니 '憲兵隊長 高山逸明'이라고 적혀 있었다. 최익현은 명함을 땅에 내던지며 이렇게 말했다.

"나를 초청한 이는 헌병대 사령관 장곡천이다. 어찌하여 나와 보지 않고 너같이 시답잖은 괴수를 시켜 사람을 영접케 하는가?"

두 사람의 대화는 통역을 세워 진행되었다.

헌병대장이 "나도 헌병대장의 직급을 가진 사람이오. 공은 어찌하여 나한테 너, 너 하십니까?" 하고 항의하자 최익현은 "너희들은 개돼지만도 못한 자인데 어찌해서 너라고 하면 안 되느냐?" 하면서 맞받아쳤다.

헌병대장은 정신을 바짝 차리고 이렇게 물었다.

"공이 가깝게는 청나라를 끌어들이고 멀리는 아라사(러시아)와 법국(프랑스)을 끌어들여 일본을 배척하자는 여론을 조성하고 있다고 들었습니다. 만약 그렇다면 일본과 조선 두 나라의 교류에 관계됨이 적지 않으므로 이 점을 공에게 질문하라고 사령관이 명하셨습니다."

최익현은 기가 차다는 표정으로 소리 높여 말했다.

"네 어찌 감히 '교류'라는 두 글자를 말하느냐? 을미년에 국모를 살해한 놈은 우리 대한 신민이 만대萬代라도 반드시 보복해야 할 원수인데, 미우라 고로三浦梧樓 공사와 도피한 역적 유길준, 이범래 등이 아직도 너희 나라에서 목숨을 보전하고 있다. 또 근자에 너희들이 한 짓을 말한다면, 온갖 속임수와 거짓으로 오로지 나라를 빼앗으려 술책을 부리는데 네가 어찌 감히 교류라는 두 글자를 말하는가? 삼천리금수강산 백성으로서 누구인들 너희들을 분하게 여기고 미워해서, 너희 나라를 한번 짓밟아 버리기를 생각지 않겠는가? 다만 우리 조정에 사람이 없기 때문에 너희들이 방자하게 행동해도 말리지 못하는 것이다. 그런데 네가 만약 나를 죽인다면 그만이거니와 내가 살아 있으면 너희들이 흉측한 꾀를 부리지 못할 것이다."

헌병대 천장이 울릴 정도로 큰소리로 말하자 헌병대장은 어안이 벙벙하여 서쪽 방으로 피해 들어갔다. 가면서 그곳 문 앞을 지키는 조선인 순경을 보고는 엄지손가락을 치켜세우며 이렇게 말하였다.

"너희 조선 사람 중에 이것이다."

헌병대장이 이 나라에 와서 만난 사람 중 최고라는 뜻이다.

조금 있다가 장곡천에게 끌고 가려고 일본 헌병 둘이서 겨드랑이 한쪽씩을 잡자 최익현은 장곡천을 불러와 자신을 데려가라고 계속 고래고래 소리를 지르며 반항했다.

헌병대장은 고개를 절레절레 흔들며 최익현을 사령부 감옥에 감금하라고 부하에게 명령한다.

그 다음날 일본 헌병은 최익현을 포천 시골집으로 압송한 뒤에 감시하는 헌병을 붙여 놓았다. 최익현은 당장 고종에게 자신이 당한 일을 고하는 상소문을 써 인편으로 보냈는데 헌병이 이를 눈치채고 상부에 먼저 보고하였다.

그 열흘 뒤에 또 다른 헌병대장 고야마 미키小山三己가 부하들을 데리고 와 또다시 헌병대에 구금한다. 최익현이 죄를 지어 온 것은 아니었기에 이틀 뒤에 이들은 최익현을 자택으로 압송한다. 아래는 이때 옥에서 쓴 시다.

만사는 뜻 있으면 된다고 들었는데
해 넘도록 궐문 밖에서 몸 가볍게 하였네
충성을 다하지 못하고 먼저 포로가 되었으니
다시 무슨 말로 임금에게 보답하리

이와 같이 헌병대에 두 차례 끌려가 곤욕을 치른 최익현은 시골집에서 분을 삭이며 나날을 보낸다. 그러던 그해 11월 17일, 서울에서 큰 사건이 일어난다.

을사오적을 처단하라

1905년 11월 17일, 일본은 대한제국을 협박하여 조약을 체결하는데, 공식 명칭은 한일협상조약韓日協商條約이다. 1904년 8월 22일에 재정財政과 외교 부문에 일본이 추천하는 고문을 둔다는 내용으로 체결된 제1차 한일협약과 구분하여 제2차 한일협약이라고도 불린다.

명목상으로는 한국이 일본의 보호국이 됨으로써 '을사보호조약乙巳保護條約'이라고도 불렸다. 하지만 보호국이라는 지위가 사실상 일본 제국주의의 식민지화를 미화하는 것이라는 비판 때문에 '보호'를 빼고 '을사조약'이라는 명칭이 흔히 사용된다. 모두 5개의 조항으로 이루어져 '을사5조약'이라고도 불리며, 조약 체결 과정의 강압성을 비판하는 뜻에서 '을사늑약乙巳勒約'이라 부르기도 한다.

전체 5개조 항목 중 가장 중요한 내용은 일본이 한국의 외

을사늑약 체결 직후 찍은 기념사진.
가운데 평상복을 입은 이가 이토 히로부미, 그 왼쪽이 하세가와 조선 주차군 사령관,
오른쪽이 외무대신 박제순.

교권을 빼앗고, 통감부統監府와 이사청理事廳을 두어 내정內政을
장악하는 데 있었다. 조약 체결로 대한제국은 명목상 일본이
보호하는 나라가 되었지만 사실상 일본 제국주의의 식민지가
되고 만 것이다.

　조약이 발표되자 시종무관장 민영환은 백관을 거느리고 궁
궐로 가서 임금을 만나겠다고 했지만 일본이 허락하지 않자 칼
로 목을 찔러 자결했다. 전 좌의정 조병세는 가평에서 올라와
임금을 만나려 했지만 여의치 않자 여관에서 음독자살했다.

참판 홍만식, 주사 이상철과 병정 김봉학 등 정부의 관료들도 잇따라 음독자살하여 조약의 부당함을 만방에 알렸다.

고종은 1907년 네덜란드 헤이그에서 열리는 만국평화회담에 이준, 이상설, 이위종 세 밀사를 파견하는 등 을사조약이 강압에 의한 것이므로 무효임을 알리기 위해 나름대로 외교 활동을 전개했다. 하지만 사후약방문死後藥方文이었다.

최익현은 일단 1905년 11월 29일에 '청토오적소請討五賊疎'라는 제목의 상소문을 썼다. 을사조약 체결에 적극 나선 5명의 대신을 처벌하라는 내용이다.

박제순 이하 역적은 나라 팔아먹는 것을 능사로 삼고도 태연무심하니, 이들은 진실로 만 번 능지처참해도 오히려 죄가 남을 것입니다. 저 왜적들은 조금 강성함을 믿고 기세가 교만하여 이웃나라를 협박해서 원한 사는 것을 능사로 하며, 맹약 파괴하는 것을 장기로 삼아 이웃나라의 의리를 생각하지 않고 각국의 공론도 돌보지 않으면서 오로지 나라를 빼앗고자 방자한 행동을 꺼리지 않았습니다.

폐하의 자리가 아직 바뀌지 않았고, 백성이 아직 없어지지 않았고, 각국 공사가 아직 돌아가지 않았고, 조약 문서에 폐하의 윤허가 내리지 않았으므로 다만 역신들이 강제로 조인한 헛것에 불과

합니다. 마땅히 박제순 이하 다섯 역적의 머리를 베어서 나라 팔아넘긴 죄를 밝히고, 외무부장관을 갈아 거짓 맹약의 문서를 없애버리도록 하고, 또 각국 공관에 급히 공문을 보내 모두 모은 다음, 일본이 우리를 협박한 죄를 물을 것입니다.

구구절절 옳은 말이었다. 고종은 이 상소문을 보고 "경의 정성 충분히 알겠다. 내 알아서 해보겠다"고 짧게 답장을 써준다.

최익현이 열흘 뒤에 다시 상소문을 올리지만 이번에는 아무런 답이 없었다. 조약에 서명한 다섯 대신이 이미 모든 권력을 차지한 뒤였고 자신은 허수아비 같은 존재가 돼버려 고종도 이제는 꼼짝할 수 없었기 때문이다.

최익현은 밤잠을 못 이루고 식음도 전폐했다. 이제 궐문 앞에 가서 자살할 일밖에 없다고 생각하고 옷을 차려입고는 집을 나서는데 일본군 4명이 앞을 막아선다. 최익현의 동태를 계속 감시하고 있었던 것이다.

"대감께서는 어디를 가십니까?"

"내가 어딜 가든 네가 무슨 상관이냐?"

"대감께서는 아직도 감금이 풀리지 않았으니 마음대로 출입할 수 없습니다."

최익현은 집으로 돌아와 생각에 잠긴다. 몇 날 며칠 궁리 끝에 결론을 내린다.

'이제 무기를 손에 들고 싸우는 수밖에 없다. 싸우자. 지금 임금에게 상소문을 올려서는 나라를 바로잡을 수 없다. 백성들의 힘을 모아 의병을 일으키는 수밖에 다른 방도가 없다. 살 만큼 산 목숨, 이제 이 목숨을 나라를 위해 바치자.'

최익현은 장차 의병을 일으킬 계획이니 뜻있는 자들은 의병에 참가해 달라는 내용으로 '포고팔도사민布告八道士民'을 지어 8도에 보낸다. 엄청나게 긴 글이지만 워낙 명문이라 전문을 제시한다.

아, 원통하도다. 오늘날의 국사를 차마 말할 수 있으랴. 옛날에 나라가 망할 때는 종사만 멸망할 뿐이었는데, 오늘날에 나라가 망할 때는 인종까지 함께 멸망하는구나. 옛날에 나라를 멸망시킬 적에는 전쟁으로써 하더니 오늘날에 나라를 멸망시킬 적에는 계약으로 하는구나. 전쟁으로 한다면 그래도 승패의 판가름이 있겠지만 계약으로 하는 것은 스스로 망하는 길에 나아가는 것이다.

아, 지난 10월 20일의 변은 전 세계 고금에 일찍이 없었던 일이다. 우리에게 이웃나라가 있어도 스스로 교류하지 못하고 타인을 시켜 교류하니 이것은 나라가 없는 것이요, 우리에게 토지와 인민이 있어도 스스로 주장하지 못하고 타인을 시켜 대신 감독하게 하니 이것은 임금이 없는 것이다. 나라가 없고 임금이 없으니 우리 삼천리 인민은 모두 노예며 신첩일 뿐이다. 남의 노예가 되고 신첩이 된다면 살았다 하더라도 죽는 것만 못하다.

더욱이 저들이 여우와 원숭이처럼 속이는 꾀를 우리에게 베푼 것으로 본다면 우리 인종을 이 나라에 남겨두지 않으려는 것이 매우 명백하다. 그렇다면 비록 노예와 신첩이 되어 살기를 구하고자 하나, 어찌 될 수가 있겠는가?

왜 그런가 하면 나라에 재원이 있는 것은 사람에게 혈맥이 있는 것과 같으니 혈맥이 다 끊어지면 사람은 죽게 된다. 오늘날 우리 나라의 재원이 나는 곳은 크고 작은 것을 막론하고 저들에게 빼앗기지 않은 것이 있는가? 철로·광산·어장·삼포 등은 모두 한 나라의 재물을 내는 큰 근원인데 저들이 차지해 버린 지 이미 여러 해 되었다. 나라의 경영은 오직 세금에 있을 뿐인데 오늘날 모두 저들의 손아귀에 들어가 황실의 비용까지도 저들에게 구걸한 다음에야 얻는다. 세관에 출입하는 세금은 그 수가 적지 않은데 우리나라에서는 감히 묻지도 못하며, 전신국과 우편국은 통신기관으로 국가에 관계됨이 매우 중요한데 저들이 역시 빼앗아서 점거하고 있다.

토지로 말한다면 각 항구의 시장 및 정거장 따위는 거리로는 수천 리요 가로로는 수십 리나 되는데 모두 저들의 소유가 되어 버렸다. 또 산과 들의 기름진 땅과 삼림 중에 저들이 강제로 빼앗아 버린 것이 몇 곳이나 되는지 셀 수가 없다.

화폐로 말한다면 백동 화폐는 진실로 큰 병폐이기는 하지만 그러나 사사로이 만든 나쁜 화폐는 태반이 저들이 만든 것인데 그것을 개정한다고 하면서 신구의 좋고 나쁜 것과 색질色質의 경중이 조금의 피차의 구별이 없는데도, 화폐 수만 배로 증가하여 다만 저들의 이익만 취하였고 또 통행할 수 없는 종잇조각을 억지로 원위화原位貨라 이름하여 우리로 하여금 혈맥이 고갈되고 모든 물건이 통하지 못하게 하니, 그 흉계와 독수는 아, 참혹하구나.

인민으로 말한다면 각처 철로의 역부와 러일전쟁 때의 화물을 운반하는 군사들을 모두 소와 돼지처럼 채찍질하고 몰아서 조금만 뜻에 맞지 아니하면 문득 죽이기를 풀 베듯이 하여 우리 백성의 부자 형제들로 하여금 원한을 가슴에 품고도 복수하지 못하게 하였으며, 진신搢紳 · 사서士庶들의 전후에 걸쳐 상소한 것은 모두 나라를 위하여 충성스런 말을 올린 것인데 문득 포박하고 구속하여 대신과 중신들을 조금도 예우해 주지 아니하니, 그들이 우리를 경멸함은 다시 여지가 없다.

그들의 비서를 각 부처에 배치하여 고문관이라 하고 스스로 후한 녹을 먹으면서 그들이 하는 일은 모두 우리를 피폐하게 하고 저들을 위하는 일뿐이니, 이것이 진실로 이른바 '남의 음식을 먹으면서 남의 기와와 담을 무너뜨려 버린다'는 것이다.

이처럼 불법 무도하여 압박하고 겁탈하는 것 중에 큰 것만을 대강 들어도 이와 같다. 약속과 맹세를 지키지 않은 죄에 대해 말하면, 시모노세키조약과 일아선전서日俄宣戰書에 모두 대한의 자주독립을 명백히 말하였을 뿐만 아니라 우리 영토를 보호해 주겠다는 것이 한두 번이 아니었는데도 모두 가볍게 버리고 배반하여 조금도 어렵게 여기지 아니하였다. 처음에는 우리의 역적 이지용을 꾀어서 의정서를 만들고 마침내는 우리의 역신 박제순을 협박해서 지금의 신 조약을 만들어, 서울에 통감을 두고 외교권을 일본에 넘기도록 하여 마침내 4천 년 지켜 온 우리 강토와 삼천리에 사는 인민을 저들의 내지 속민으로 만들었으니, 세계에서 말하는 보호국이라는 것만이 아니다.

그러나 속민이라 하면 오히려 그들의 백성과 평등한 대우를 받아 그대로 살 수 있을 것이니, 나라는 비록 망하더라도 인종은 멸망하지 않을 것이다. 그러나 이상에서 열거한 여러 가지 불법 무도한 일로써 본다면 그들이 과연 우리 인종을 이 나라에 남겨 두려 하겠는가? 반드시 우리 백성을 구덩이에 묻어 죽이지 않으면 광막한 불모지에 내쫓고 그들의 백성을 옮기고야 말 것이니 이것은 서양에서 인종을 바꾸는 술책을 오늘날 일본이 우리에게 시행하는 것이다.

그렇다면 앞에서 말한 노예나 신첩이 되어 살기를 구하여도 되지 아니할 것이라는 말이 사람을 겁주는 말이 아님을 알 것이다. 하물며 우리는 당당한 대한의 예의 자주의 백성으로 구구히 원수인 적의 아래에 머리를 숙이고 하루라도 더 살기를 빌고자 한다면 어찌 죽는 것보다 나을 것이 있겠는가? 그늘 아래에 있는 나무는 가지와 잎이 무성하지 못하고, 발에 밟히다 남은 풀은 싹이 자라지 못하며, 노예의 종족에서는 성현이 나지 못하는 것이니 이것은 성질이 달라서가 아니요, 압박하고 굴복시켜서 그렇게 되는 것이다. 우리나라가 고려 이후로 명칭은 비록 중국의 번속藩屬이었지만, 토지와 인민과 정사는 모두 우리가 자립하고 자주하여 털끝만큼도 저들의 간섭을 받지 않았다. 그러므로 전성기를 당하여서는 승병이 백여만이요, 재화가 창고에 가득하였으며, 백성은 부유하고, 호구는 번식하여 비록 수양제와 당태종의 위세로도 패하여 돌아감을 면치 못하였으며, 원 세조가 8번이나 쳐들어온 다음에야 복속시켰다.

우리 태조 때에 왜적이 여러 번 침범하였지만 번번이 패하였고, 임진왜란 때 비록 명나라의 구원이 있었지만 회복하여 전승한 공은 모두 우리 군사가 왜선 70여 척을 노량에서 침몰시킨 데 있었으며, 병자호란 때에도 만약 임충민의 "곧바로 근거지를 쳐부수자"는 청을 들었다면 청나라 사람들은 그 즉시 멸망하였을 것이니, 그 꾀를 쓰지 않은 것이 한스러울 뿐 진실로 힘이 부족했던 것은 아니다.

이로 보건대, 우리나라가 비록 협소하지만 백성들의 성질이 강력함은 반드시 타국에 뒤지지 않는다. 다만 오늘날은 문치만을 숭상한 뒤라서 백성의 기운이 약하여 진작할 수 없고 또 천하의 대세를 잘 알아 변통할 것을 생각하지 못한다. 천하의 대세를 알지 못하기 때문에 죽음이 목전에 당하였는데도 알지 못하니, 진실로 사람마다 꼭 죽게 된다는 것을 안다면 살 수 있는 방법이 그 가운데에서 나올 것인데, 다만 꼭 죽게 된다는 것을 알지 못하고 오히려 혹시라도 살 수 있기를 생각하므로 마침내 죽고 살지 못하게 된다.

반드시 죽게 될 증거는 이미 위에서 말한 바와 같으니 혹시라도 살 수 있는 방법을 어디에서 찾을 것인가? 지금에 있어 단 한 가지 각자 기력을 분발하고 심지를 분려하여 나라를 몸보다 더욱 사랑하고 남의 노예가 되는 것을 죽음보다 더 싫어하여 능히 만인의 마음을 한 사람의 마음으로 만든다면 저의 죽음에서 삶을 구하는 방법이 될 것이다.

저 일본사람들은 비록 경박하고 교사하며 예도 없고 의도 없어서 인류와 같지 않지만, 강력하고 승리하는 효과는 다름이 아니라 오직 그 마음을 합하여 나라를 사랑하는 마음이 자신을 사랑하는 마음보다 더하기 때문이다. 하물며 우리나라의 사민은 본래부터 선왕의 예외와 교훈을 복습하였으며, 뇌수에 끓는 붉은 피가 진실로 저들과 다름이 없음에랴.

그렇다면 오늘날 우리 백성들이 가장 먼저 해야 할 급한 일은 천하의 대세를 살펴서 꼭 죽게 된 까닭을 아는 데에 있을 뿐이다. 꼭 죽게 된다는 것을 안 다음에야 기력이 스스로 분발되고, 심지가 스스로 분려되어 나라를 사랑하는 마음이 저절로 발하고 마음을 합하는 공이 저절로 나타나게 될 것이다. 그제서야 남을 의뢰하고 바라는 마음을 버리고 느슨한 습관을 버리며 인순因循하고 고식姑息하는 해로움을 개혁하여 1척의 진보는 있어도 1촌의 물러섬은 없어서 차라리 함께 죽을지언정 홀로 살고자 하지 않는다면 여러 마음이 단결된 곳에 하늘은 반드시 도와 줄 것이다.

저 민충정공·조충정공의 죽음을 보지 못했는가? 국가가 망하고 인민이 멸망한 것이 이 두 분만의 책임이 아니다. 그런데도 이 두 분은 국가와 인민으로 자기의 책임을 삼아 목숨 바치기를 마치 기러기 털처럼 가볍게 여겨 조금도 돌보지 아니한 것은 백성들에게 꼭 죽어야 할 의리로서 딴 마음이 없어야 함을 보여 준 것이다. 진실로 우리 삼천리 인민들이 모두 이 두 공의 마음으로써 마음을 삼아 꼭 죽어야 한다는 마음을 가지고 딴 마음이 없다면 어찌 역적을 물리치지 못하며, 국권을 회복하지 못하겠는가.

익현은 정성과 힘이 부족하여 이미 임금께 충고를 다하여 환란을 미연에 방지하지 못하였고, 또 나라를 위하여 목숨을 바쳐 백성들의 용기를 진작시키지 못하였으니, 굽어보나 우러러보나 부끄러워, 살아서는 우리 수천만 동포를 대할 수 없고 죽어서는 두 공을 지하에서 볼 수가 없다. 이에 감히 비천하고 더러움을 헤아리지 아니하고 삼가 보고 들은 오늘날 시국의 대세를 가지고 간략히 이 글을 지어 우리 온 나라 사민들에게 포고하노니, 오직 바라건대, 우리 온 나라 사민들은 익현의 늙고 노망하여 죽으려 하는 말이라고 해서 경솔히 여기지 말고, 각각 스스로 노력하여 저들로 하여금 인종을 바꾸려는 계획을 이루지 못하게 한다면 매우 다행한 일이다. 시급히 행하여야 할 일을 대강 아래에 나열하여 기록한다.

1. 이번에 신 조약을 제멋대로 허락한 박제순·이지용·이근택·이완용·권중현 등 오적은 우리 국가의 죄인일 뿐만 아니라, 실로 천지 조종의 원수이며 전국 만민의 원수다. 마땅히 빨리 토벌하여 죽여야 하는데도 도리어 그들로 하여금 조정의 위에 반거하게 하고, 비록 진신과 장보의 토벌을 청하는 상소가 있었지만, 아직까지 한 사람도 칼을 들고 오적을 치려고 한 자가 있었다는 말을 듣지 못했으니, 국가와 인민의 수치가 무엇이 이보다 더한 것이 있겠는가? 《춘추》의 법에서 "난신·적자는 잡아 죽여야 한다" 하였으니 무릇 모든 사민과 군졸과 하인들은 모두 적을 토벌하지 아니하면 살지 않겠다는 의리로써 각각 이마에 붙이고 스스로 노력하고 분발하여 맹세코 저 오적을 죽여서 우리 조종과 인민의 큰 원수를 제거할 것.

2. 저 오적은 이미 나라를 팔아먹는 것으로써 기량을 삼아 오늘에 한 가지 일을 허락하고 다음날 또 한 가지 일을 허락하여 작년의

의정서와 금년의 5조약을 인준하는 일에 이르러는 다시 여지가 없게 되었다. 필경에 그들의 흉모와 역도는 우리 임금으로 하여금 청성과 오국의 길을 행하지 않으면 일본의 큰 공신이 될 수 없을 것으로 생각할 것이니, 무릇 우리의 높고 낮은 관료 및 병졸과 백성들은 모두 충성을 발하여 화환을 예방하기를 생각할 것.

3. 전번의 유악소 통고문을 보니 결세를 내지 말고 윤차를 타지 말자는 것과 포백布白·기용器用 등 저들의 물건은 쓰지 말자는 말이 있었는데, 이것은 진실로 확론이다. 대저 결세는 국가의 경용에 사용하는 것인데, 오늘날에는 모두 왜놈의 금고에 들어가니 어떻게 우리 백성들의 고혈로써 원수의 먹이가 되게 할 수 있겠는가? 마땅히 각각 자기 고을에서 해당 마을의 부유한 집에 거두어 두었다가 오적이 제거된 다음 궁내부에 바쳐야 한다.

철로는 저들이 우리나라를 멸망시키려는 수단의 한 가지인데도 매일 차를 타는 자가 다 실을 수 없을 정도이니 어찌 우리 백성의 어리석음이 이리도 심하단 말인가? 생각해 보건대 각처에서 하루에 차를 타는 비용이 어찌 천만만 되겠는가. 재물이 다하여 나라가 멸망하는 것을 우리 백성이 스스로 취하는 것이 아니겠는가? 기타 포백과 기물로 저들이 재물을 몰아가는 것도 또 그 수를 셀 수가 없으니, 아, 지난날 저들과 통상하지 아니할 때에는 우리 백성들이 과연 살 수가 없었던가. 이것은 매우 생각하지 않은 것이다. 바라건대, 우리 전국의 사민들은 한마음으로 서로 맹세하여 군기와 총포를 제외하고는 일체 저들의 물건을 쓰지 말고 기계의 편리한 것이라도 본국 사람이 제조한 것이 아니면 또한 사서 쓰지 말 것.

이에 감히 포고로써 호소하니 나라 안 온 동포들이여! 바라건대 죽어 가는 한낱 늙은이의 말이라 흘려버리지 말고 부디 우리 스스로 힘내고 굳게 다져서 우리의 인종마저 바꾸려는 저들의 악랄한 간계를 끝내 막아 낼지어다.

얼마 뒤에 행동 강령을 쓴 '창의격문'과 '재격문'에는 의병 참여 독려 외에도 일본에 저항하기 위해 납세 거부, 철도 이용 안 하기, 일본 상품 일절 불매운동을 벌이자는 내용도 들어 있었다.

일본에 대한 혐오감이라기보다는 우리 것을 지키자는 애국애족사상이 그를 의병장의 길로 내몬다.

상소가 안 되면 깃발을 들자

해가 바뀌어 1906년이 되었다. 최익현의 나이 74세, 머리는 완전히 백발이었고, 몸은 대나무처럼 말랐지만 눈빛은 형형했다. 죽음을 각오하니 할 일이 있었다. 2월 21일, 조상의 묘 앞에서 제사를 지내고 가족들과 작별인사를 했다.

일단 호남지방으로 가기로 했다. 임병찬이라는 이가 갑오년에 관군의 일원으로 동학군을 토벌한 적이 있어 전투 경험이 많다는 말을 듣고 그가 사는 전남 태인으로 발걸음을 옮겼다.

임병찬 의병장 초상

전 낙안군수 임병찬은 평소에 존경하던 최익현이 찾아와 도움을 청하자 목숨을 걸고 부하가 될 것을 맹세한다. 최익현으로서는 천군만마를 얻은 격이었다. 군사를 모집하고 훈련시키는 일, 군량미를 조달하는 일에 일가견이 있는 임병찬은 최익현의 말을 듣고는 군소리 없이 척척 실행에 옮겼다.

최익현은 문인 이재윤에게 편지를 주어 청나라에 들어가 구원병을 요청하게 했다. 의병을 일으킨 민종식과 유인석에게도 편지를 보내 충청도·전라도·경상도에서 한꺼번에 들고일어나 세력을 넓힌 뒤 군사력을 합치자고 약속했다.

하루는 어떤 양반이 찾아와 최익현에게 이번 거사가 과연 성공할 수 있겠느냐고 물었다. 최익현은 이렇게 대답했다.

"나도 성공하지 못할 것을 잘 압니다. 그러나 우리나라의 역사 500년이 여기서 종지부를 찍으려 하는데 백성들 중 힘을 합쳐 적을 토벌하고 국권을 회복함을 의義로 삼는 사람이 한 사람도 없으면 후손들 보기에 얼마나 부끄럽겠소? 내 나이가 일흔넷이지만 신하의 직분을 다할 따름이요, 죽고 사는 것에 연연하고 싶지 않소이다."

일본과 싸워서 이길 수 없음을 잘 알지만 싸우지 않을 수 없으니 싸우겠다는 각오. 이것이 바로 최익현이 택한 나라 구하기 해법이었다.

제
6
장

마침내
깃발을 들다

의병의 깃발을 높이 들다

애국의 길이란 의병을 일으키는 것밖에 없다고 생각하는 최익현에게 나이를 생각하고 건강을 걱정할 겨를이 없었다. 어느 나라도 조선을 도와줄 수 없는 상황에서 국권을 되찾을 유일한 방법, 최후의 방법은 의병 봉기였다. 싸우다 죽을지언정 가만히 앉아서 밥이나 축내며 살아갈 수 없다는 결심이 그에게 칼을 쥐게 했지만, 총 앞의 칼이었다.

1906년 2월의 볕 좋은 어느 날이었다. 최익현은 충남 논산시 노성면의 궐리사闕里祠라는 곳에서 의병을 모으기 위해 연설을 했다. 인근 고을에서 소식을 듣고 달려온 사람은 고작 100명 정도밖에 되지 않았다. 하지만 이들 각자가 몇 명씩 사람을 모아 오면 몇백 몇천 명이 될 것이라는 계산이 가능했다.

"나라를 구하는 일에 양반과 상민이 따로 있겠습니까? 우리 모두 일치단결하여 일본의 침략을 물리쳐야 합니다!"

'궐리'는 공자가 태어난 마을 이름으로, 궐리사는 공자의 영정을 모셔 놓고 제사를 지내던 곳이다. 장소가 장소이니만큼 거기 모인 사람들은 대다수가 양반이었다. 당시의 양반들은 책을 읽고 시를 지으며 공부만 열심히 하던 사람들이라 대부분 무기는커녕 호미도 손에 쥐어 본 적이 없었다.

"500년 종묘사직을 지키자는 말은 하지 않겠습니다. 작년에 을사조약 체결 소식을 다들 들어 알고 계시지요? 왜국이 이 나라를 한입에 꿀꺽 삼키려 하는데 우리가 가만히 있는 것은 우리 조상에 대해 면목이 서지 않는 일이고 우리 후손에게 부끄러운 일입니다. 낫이라도 들고 일어섭시다!"

최익현이 두 주먹을 불끈 쥐고 높이 들었다. 마당 이곳저곳에서 박수소리와 함께 "옳소!", "옳소!" 동의하는 말이 터져 나왔지만 그 소리가 함성으로 번지지는 않았다.

"제가 경상도와 전라도에도 함께 거사하자는 격문을 띄워 이미 참여 의사를 확인했습니다. 우리 충청도는 임진왜란 때도 수많은 의병이 들고일어나 왜군의 침략을 물리쳤었지요. 이번에도 우리의 기백이 어떤지를 보여 줍시다!"

최익현의 의기양양함에 다들 고개를 끄덕였다.

"죽창이든 낫이든 다들 갖고 나와 태인으로 갑시다! 그곳에 가면 임병찬 장군이 총을 준비해 우리를 기다리고 있습니다."

이 말이 있자 다들 눈을 휘둥그레 떴다. 많은 사람들은 계획이 구체적으로 세워진 것이라 생각하여 박수를 치며 찬동의 뜻을 표했다.

"모레 아침나절에 떠나겠습니다. 식구들하고 작별인사를 하고 다시 모여 주시오. 주변의 장정들에게 같이 가자고 말해 주시오. 우리가 일어서지 않으면 우리는 물론 우리 자식과 후손도 몽땅 왜놈의 노예가 되고 말 겁니다."

그런데 몇몇 양반의 눈빛에서 최익현이 읽은 것은 결연한 결심이 아니라 회의와 모색이었다. '총 든 일본 놈들을 창 든 우리가 과연 이길 수 있을까' 하는.

'아, 나도 양반으로 태어나 글공부를 하면서 세월을 보냈지만 양반들과 함께 일하는 데는 한계가 있겠구나. 그렇다고 에헴 하면서 수염이나 쓰다듬고 있다간 나라를 완전히 빼앗기고 말 텐데…. 아, 이 어리석은 양반들아!'

최익현은 그의 신분이 어떻든 국권 회복에 목숨 바칠 사람들을 은밀히 알아보았다. 목숨 건 구국의 대열에 함께 서기로 한 113명이 '동맹록'에 이름을 적어 일종의 비밀결사조직이 만들어졌다. 최익현은 동맹록을 만든 뒤 전라도 각 지방으로 몰래 사람들을 보내 의병에 참여할 이들을 전북 태인으로 오게 했다.

이런 준비 작업을 거쳐 최익현이 의병을 일으킨 곳이 태인이다. 봄꽃이 활짝 핀 1906년 4월 13일이었다. 그가 흑산도 유배에서 풀려나 귀향길에 들렀던 태인의 무성서원에서 사람들을 모아 놓고 목청 높여 이렇게 말했다.

"왜적이 나라를 도둑질하고 매국노들이 장난을 하여 이 나라

삼천리강토가 쑥대밭이 될 지경에 이르렀습니다. 저는 본래부터 재주가 없는 데다가 병까지 들어 세월만 낭비하고 있었습니다. 하지만 일본이 을사조약을 강제로 맺어 국권을 다 빼앗아 간 마당에 그냥 눈 뜨고 보고 있을 수만은 없는 것 아닙니까? 그래서 윤사월 12일, 전前 낙안군수 임병찬을 전주로 보내 동지들을 모으게 했습니다."

70대 노인의 목소리라고는 도저히 믿어지지 않을 정도로 힘이 넘쳤다. 무성서원 앞마당을 빼곡하게 매운 사람들은 주먹을 불끈 쥐거나 눈물을 글썽거렸다.

"이 나라 백성들 모두가 도마 위의 고기와 같은 신세가 되었으니, 제가 비록 힘이 미약하여 거사의 성패까지 예측할 수는 없지만 진심으로 나라를 위하여 죽을 각오를 한다면 천지신명이 우리를 도울 것이오. 나를 따라 생사를 같이할 수 있겠소이까?"

모두들 한목소리로 외쳤다.

"같이하겠습니다!"

최익현은 이에 화답하듯 더욱 목청을 높였다.

"저는 병사들을 이끌고 북쪽으로 올라가 각 나라의 외교관들과 회동하여 이토 히로부미 통감統監 등 일본인과 담판을 짓고, 말도 안 되는 을사조약을 취소시킬 것입니다. 그리하여 우리

나라의 자주권을 회복하고 우리 백성들이 입을 화를 면하게 할 것이오. 이것이 저의 소원입니다."

결연한 표정, 단호한 목소리였다. 연설이 끝나자 우레와 같은 함성이 마당에 울려 퍼졌다.

"최익현 선생 만세!"

"면암 선생 만세!"

"대한제국 만세!"

그는 격문檄文을 써 인근 고을에 돌렸다.

을사 변괴를 당한 지가 이미 여러 달이건만 의병 일으킨 이가 어찌 하나도 없는가. 임금이 망하고 신하가 어찌 남으며 나라가 망하고 백성이 어찌 보전하겠는가?

슬프다! 우리 신세 불타는 집 들보 위에 노는 제비들이요, 끓는 가마솥에서 뛰는 물고기와 같도다.

기어이 죽기는 한 가지라 어찌하여 한번 싸워 보지도 않으리오. 또 살아서 원수 놈의 노예가 되는 것이 어찌 죽어 충의지혼忠義之魂 이 되는 것만 하겠는가.

천운天運이란 갔다가 돌아오지 않는 법이 없나니, 최후 승리는 우리에게 있을 것이다.

믿는 바는 정의다! 적을 두려워하지 마라!

감히 격문을 돌리느니 서로 격려하며 힘을 합하라.

倡義討賊疏 丙午四月二十一日

창의토적소의 앞 부분

　고종에게 보낸 격문에는 "나라에 대한 반란을 꿈꾸며 무기를
든 것이 아니라 일본군을 물리치려고 무기를 들게 되었으니 허
락해 주십시오" 하는 내용을 덧붙였다.

　의병을 모은다는 '창의토적소倡義討賊疏'를 써서 전주와 인근
고을로 띄웠다. 창의토적소는 읽는 이들이 분기탱천하여 의병
에 가담할 수 있도록 더욱 강하게 썼다.

　만일 하늘이 우리나라를 돕지 않고 이 뜻을 이루지 못할진대 놈들
에게 유린당하기 전에 신臣이 먼저 놈들과 싸워 패하여 죽는다면,
악귀가 되어 기어코 원수 놈들을 몰살시켜 이 땅에 용납 못 하게
하겠습니다.

최익현의 명을 받고 한달음에 전주로 달려가 격문과 창의소를 돌린 사람은 훗날 대마도에서 함께 옥살이를 하게 되는 임병찬이다.

일본의 식민지가 되다시피 한 우리나라에 지배자로 와 있는 이토 히로부미 앞으로도 편지를 써서 보냈다. 일본의 잘못을 16가지나 지적하고 하나하나 따져 묻는 내용이었다.

> 갑신년에 우리 황상皇上(고종황제를 말함)을 욕보이고 재상들을 살육한 것이 첫 번째 죄이며, 갑오년에 우리 궁궐을 소각하고 우리 재물을 약탈한 것이 두 번째 죄요, 을미년에 우리 모후母后를 살해하여 만고에 없는 악행을 저지르고도 오로지 은폐하여 그 도망친 역적을 한 사람도 체포하지 않아 신의를 저버린 죄가 세 번째요.

편지에서 최익현은 일본이 우리나라에 들어와 지난 수십 년 동안 얼마나 나쁜 짓을 많이 저질렀는지를 따져 묻는 한편, 이웃한 국가끼리 서로 도우며 살아야 한다는 선린외교정책을 펴기도 한다.

> 천하의 대세는 옛날과 달라 서양의 기세를 막을 수 없소이다. 그렇다면 한국·일본·중국이 서로 도운 후에 동양을 보전할 수 있

다는 것은 지혜 있는 사람이 아니라도 알 수 있는 일이오. 당신네 나라가 지금은 강대하지만 힘으로 다른 나라를 억누르면 반드시 망할 것이오. 당신네 나라 때문에 동양은 앞으로 전쟁이 그치지 않을 것이라 생각하오.

의병을 일으키면서 일본의 통감 이토 히로부미에게 보낸 편지에 적은 이 말은 예언이나 마찬가지였다. 일본은 훗날 태평양전쟁을 일으켜 미국과 싸우다 결국 패하게 되고, 아시아의 여러 나라 중에서 일본의 침략을 받지 않은 나라는 거의 없었으니 말이다.

일본군의 앞잡이 순창군수

최익현은 임병찬, 정시해 등의 부하를 이끌고 태인읍을 다스리던 고을의 읍장('원님'으로 불리고 있었다)과 담판을 지으려고 집무실인 동헌으로 달려갔다. 최익현이 수백 명의 의병을 이끌고 온다는 소식을 들은 읍장은 이미 몸을 피하고 없었다. 누가 소리를 쳤다.

"동헌 창고에 활이며 창이 잔뜩 있다 합니다."

"그래, 그럼 우리가 그것으로 무장을 하면 되겠구나."

의병들은 들고 있던 낫과 곡괭이 같은 것을 내려놓은 뒤 활이며 창 등 동헌에 있는 무기로 무장을 했다. 세금을 보관 중인 금고를 열어 군사비로 쓰게 했고, 창고의 쌀도 군량미로 쓰도록 했다.

이튿날 전북 정읍에 도착했는데, 역시 동헌에 있는 무기를 몽땅 접수했다. 그 일대의 젊은이들이 의병에 참가하겠다면서 농사일을 팽개치고 몰려들었다. 의병들은 내장사에서 하룻밤을 자고 15일에 순창 근처에 당도하여 구암사에 주둔했다. 곡성에 도착한 17일에는 의로운 싸움에 동참해 달라는 내용의 격문을 호남지방 각 고을로 다시금 써 보냈다.

그 사이 소문을 듣고 양반, 평민, 천민 할 것 없이 몰려와 병사의 수는 어느새 400명을 넘어섰다. 정읍, 순창, 곡성 등 고을에서 소총과 화약 등을 입수하여 제법 위용을 갖추게 되었다. 몇 사람의 부호가 쌀과 부식을 의병들에게 내놓았다. 의병들의 사기가 이때만 해도 하늘을 찌르고 있었지만…….

곡성에서 다시 구암사로 돌아와 의병의 임시 주둔지로 정했다. 구암사는 수백 명 의병이 머무르기에도 적당했지만 지세가 높아 적의 공격을 막기에 최적의 조건을 갖추고 있었다.

4월 19일, 최익현이 이끄는 의병은 순창에 자리 잡은 일본군의 동태를 살피기로 하였다.

"일본군 병사 십여 명이 순창군수 이건용의 수하에 있다고 합니다."

정보를 입수한 최익현은 임병찬에게 "날쌘 병사 50명을 데리고 샛길로 먼저 가서 일본군을 습격하라"고 명했다.

"일본군 군복을 입은 자들이 눈에 띄면 바로 쏴버렷!"

아닌 게 아니라 우리 관군과는 확연히 표시가 나는 일본군들이 무장을 하고 있었다. 총들이 불을 뿜었다. 그러나 명중한 것은 단 한 발도 없었다.

순창의 일본군 병사들은 의병의 습격에 혼비백산하여 대응사격을 하며 산을 기어올라 도망쳤다. 임병찬은 일본군은 못 잡았지만 총 20자루를 노획하는 전과를 올렸다. 그 과정에서 일본군 병사가 미처 챙겨 가지 못한 중요한 문서를 발견했다. 거기에 이런 글이 적혀 있었다.

전주관찰사 나 한진창은 순창군수 이건용에게 명한다. 그대는 일본군의 도움을 받아 최익현이 일으킨 의병을 무찌르도록 하라.

때마침 도망을 가다가 붙잡힌 이건용 군수를 의병들이 포박해 왔다. 이건용은 무릎을 꿇고 앉더니 눈물을 철철 흘렸다.

248

최익현이 군수를 엄히 꾸짖었다.

"너희들은 개돼지보다 못한 자들이다. 나라를 빼앗은 이들에게 고개를 숙이는 것만 해도 백성들에게 큰 죄를 짓는 일인데 그들과 힘을 합쳐 의로운 깃발을 든 우리들을 무찌르겠다고?"

"겁을 집어먹고 임시 모면을 하려다가 이런 죄를 지었습니다. 그러나 저도 사람이오니 대감께서 불쌍히 여겨 용서해 주신다면 정성을 다하여 명령을 받들겠습니다. 머리가 부서져도 목숨을 살려 주신 은혜에는 꼭 보답하겠습니다."

"을사오적이 일본의 총칼 앞에 무릎을 꿇고 항복한다는 문서에 도장을 찍은 작년의 일을 어떻게 생각하느냐?"

"그것은 한양에서 있었던 일이라 저는 잘 모릅니다."

"그럼 일본군에게 먹을 것과 잠잘 곳을 제공하며 받들어 모시는 건 무슨 이유에서인가?"

"일본군이 총을 들이대며 협박해서 그렇게 한 것입니다. 죽을죄를 졌지만 잘 모르고 한 일이니 용서해 주십시오."

최익현은 전주관찰사가 써준 문서를 이건용의 눈앞에 던졌다.

"이 편지가 있는데도 거짓말을 하는 것이냐?"

의병들이 이건용의 목을 베어야 한다고 소리를 높였다.

"저놈, 순 거짓말을 하는 겁니다. 벌을 줘야 합니다."

최익현은 거짓 눈물을 흘리는 이건용을 보며 꾸짖었다.

"나의 거사는 국가를 위하여 만분의 일이라도 보답코자 하는 것인데, 너는 왕실의 먼 친척이면서도 도리어 나를 해치려고 하니 왜적보다 더 못된 놈이다. 저 사람들의 말대로 지금 너를 베어서 임금님을 능멸하고 나라를 저버리는 무리들을 깨우치려고 하니, 너는 죽어도 나를 원망하지 마라."

이건용은 바들바들 떨며 "목숨만 살려 주십시오"를 연발했다. 임병찬이 말했다.

"목을 베어 일본군 앞잡이 노릇을 하면 어떻게 되는지, 본보기로 삼아야 합니다."

다른 병사들도 "용서해 주면 안 됩니다!"라고 소리쳤다.

"일단 옥에 가둬 놓도록 하라."

최익현은 생각에 잠겼다.

'우리의 적은 동족이 아니고 일본군이다. 의병 초기에 한 고을의 원님을, 그것도 군수 같은 높은 자리에 있는 사람을 처형했다고 하면 우리의 좋은 뜻도 잘못 받아들여질 수 있다.'

다시 이건용을 데려오게 한 최익현은 이렇게 꾸중을 했다.

"당신은 왕족 출신이고 나는 은퇴한 신하로서 각자 의리를 다하여 함께 왕실을 도와야 하지 않겠소. 나의 이번 거사가 성공하면 국가의 행복이고 실패해도 목숨밖에 잃을 것은 없으니,

충의의 혼이 되어 이 나라를 비추고, 꽃다운 이름을 후세에 남긴다면 얼마나 좋겠소. 원수들에게 아첨하여 구차하게 한때의 요행을 얻더라도, 결국에는 나라가 망하는 비참한 일을 당한다면 후손에 부끄러운 일이 아니겠소."

이 말을 한 최익현은 병사들에게 이렇게 말했다.

"그만 놓아 주어라."

깃발, 너무 일찍 꺾이다

이렇게 풀려난 이건용 군수는 말을 몰아 전주로 갔다. 만약 최익현이 그때 이건용을 풀어 주지 않고 옥에라도 가둬 두었더라면 의병은 전과를 더 올렸을지도 모른다.

이건용은 자신의 상관인 전주관찰사 한진창 앞으로 달려갔다. 이건용은 관찰사에게 최익현을 따르는 의병들이 지금 어디에 주둔하고 있는지를 알렸고, 병력도 어느 정도라고 정보를 제공했다. 한진창은 이 내용을 일본군에게 바로 알렸다. 일본군 대장은 이건용과 한진창에게 명령을 내린다. 일본군 병사를 수십 명 내줄 테니 이들을 앞세우고서 그날로 최익현의 의병을 무찌르라는 것이었다.

부대 편성을 미룰 이유가 없었다. 관찰사는 각 지방을 통치하는 지방 장관으로서 지금으로 치면 도지사다. 지방의 수령들이 일을 제대로 하는지 감시하고 잘잘못을 중앙에 보고하였다. 그런 일을 해야 할 관찰사가 그 무렵에는 의병의 의거를 민란으로 간주하여 진압하는 것을 주 임무로 수행했으니 ….

우리나라의 관리가 일본군의 앞잡이 노릇을 하게끔 명령체계가 잡혀 버렸으니 딱한 일이다. 1882년의 임오군란 이후 우리 관군의 자주독립에 대한 의기가 완전히 꺾여 버린 것도 중요한 요인이었다.

총과 칼을 든 무리가 절에 오래 머무를 수는 없었다. 의병은 순창 관사로 가서 포진하였다. 관찰사 한진창이 사령관이 되어 그 길로 관군은 순창으로 진군해 갔다.

4월 20일, 어느덧 저녁노을이 깔리고 있었다. 전주와 남원에서 온 관군이 순창을 삼면에서 포위하고 총을 비 오듯이 쏘아 댔다. 최익현이 임병찬에게 외쳤다.

"동북쪽에 있는 두 개의 진지를 사수하시오! 일단 버티고 있으면 다른 지역의 의병들이 소식을 듣고 우리를 구하러 올 것이오."

그러나 임병찬이 전하는 말은 뜻밖이었다.

"왜병은 한 놈도 보이지 않고 전주와 남원에 있던 우리 군대가 출동해 왔습니다."

난감한 일이었다. 관군과 의병의 싸움은 동족 간의 전투였으니 말이다. 때마침 밤이 되어 전투는 일시 중단되었다. 죽은 사람 셋에 부상당한 사람은 10명이 넘었다.

날이 밝자 최익현은 순창의 왼쪽에 주둔한 임병찬과 오른쪽에 주둔한 정시해에게 편지를 보냈다. 동족끼리 싸우는 것만큼 비인간적인 것은 없으니 전투에 나서지 말고 일단 기다려 보자는 내용이었다.

이때 더욱 나쁜 소식이 들려왔다. 광주관찰사 이도재가 또 다른 관군을 이끌고 와서 순창 어귀에 진을 치고 있다는 것이었다. 이도재는 최익현을 직접 찾아와서 의병을 해산하라는 고종황제의 칙서를 보여 준다.

최익현이 이도재에게 말했다.

"오적들이 고종황제의 눈을 가리고 명을 내리고 있구려. 반역한 신하의 거짓 명령을 나는 절대 받들 수 없소이다. 설사 이것이 정말 황명이라 하더라도 진실로 나라를 편안하게 하고 국가를 이롭게 할 수 있다면 옛사람도 왕명을 받지 아니한 경우가 왕왕 있었거늘 하물며 을사오적이 황제를 속여서 만든 거짓 명령임에랴!"

이도재는 한 마디 한 마디 옳은 말만 하는 최익현에게 반박

할 말을 잃고 물끄러미 쳐다만 봤다.

"나는 내가 올린 상소에 대한 황제의 명만을 받들어 진퇴할 뿐이오. 그냥 돌아가시오. 일개 지방관이 의병에게 이래라 저래라 하지 마시오."

이도재는 고개를 절레절레 흔들며 물러갔다. 이미 관군은 이들 의병을 이중 삼중으로 포위하고 있었다.

'아아, 우리가 싸워야 할 대상이 왜병이라면 목숨을 버리는 것이 아깝지 않은데 관군이 우리를 에워싸고 있으니 이를 어찌한단 말이냐.'

부하들의 목숨을 구하고 항복할 것이냐, 전투를 벌여 장렬하게 죽을 것이냐는 갈림길에서 최익현은 한참 갈등했다. 그러나 미처 결정을 짓기도 전에 또다시 전투가 벌어졌다.

전주에서 온 한진창 관찰사의 부하들이 대포를 쏘아 의병들의 사기를 꺾으며 압박해 들어왔다. 여기저기 포탄이 떨어지고 파편을 맞은 사람들이 울부짖는 소리가 순창 마을 전체를 쩌렁쩌렁 울렸다. 이에 맞서 의병들도 사격을 하였다. 관군 중에서도 사망자와 부상자가 나왔다.

구암사 아래 주민들은 졸지에 마을에서 전투가 벌어져 총성이 울려 대니 공포에 질려 이불을 뒤집어쓴 채 벌벌 떨 수밖에 없었다. 의병들 중에도 겁을 먹고 마을 밖으로 달아나는 사람이 속출했다. 부하 중 정시해가 중상을 입고 쓰러졌다. 최익현은 정시해를 부둥켜안았다. 시해는 아픔 때문인지 슬픔 때문인지 눈물을 비 오듯이 흘렸다.

"저 시해, 왜적 한 놈도 못 죽이고 이렇게 죽게 되었으니, 죽어도 눈을 감지 못하겠습니다. 귀신이 되어서라도 선생이 적을 물리치는 것을 돕겠습니다."

눈을 스르르 감고 마는 그를 안고 최익현이 통곡하니 주변의 의병들도 모두 그를 따라 오열했다.

다시 저녁이 왔고, 전투는 일시 중단되었다. 그 하루 동안 정시해를 비롯한 의병 수십 명이 목숨을 잃었다. 최익현은 결단을 내린다.

"나 혼자 여기 남을 테니 너희들은 모두 백기를 들고 항복해라. 밤중에 관군 쪽으로 가는 사람을 막지는 않겠다."

그 다음날 아침, 부하들이 밥을 짓는 동안 최익현은 야전을 돌며 사람 수를 세어 보았다. 수백 명이 모였는데 그 며칠 사이에 단 21명만 남아 있었다. 의병에 지원한 이들은 대개 전투 경험이 없는 일반 백성들이었다. 나라를 구하겠다는 일념으로 모이기는 했지만 훈련을 받아 본 적이 없는 오합지졸들이라 대포와 총검 앞에서 그만 겁을 집어먹고 대다수가 순창을 벗어나 다른 곳으로 달아나 버린 탓이었다.

관군은 의병들이 몇 사람씩 모여 달아나거나 항복을 해오니 다음날 하루는 전투를 벌이지 않고 의병의 움직임을 지켜보기로 했다. 대세는 이미 관군의 승리로 기울었다.

그날 밤에는 폭풍우가 치고 천둥과 번개가 요란했다. 아침에 일어나 사람 수를 세어 보니 12명밖에 남아 있지 않았다. 최익현까지 합쳐 13명이 싸워야 할 관군의 수는 수백 명. 상대가 되지 않는 싸움이었다. 임병찬이 무릎을 꿇고 말했다.

"중과부적입니다. 포로가 되어 고생하느니 다 함께 싸우다 장렬하게 죽어야 하지 않겠습니까?"

한참 말이 없던 최익현이 고개를 푹 숙이며 몇 마디 했다.

"준비가 부족했다. 의기로만 하는 것이 아니었는데…. 너희들에게 면목이 없구나. 나만 자진해서 죽으면 너희들의 목숨은 다 살려 줄 것이다."

최익현은 죽을 때는 옷을 깨끗하게 차려입고 죽어야 한다는 생각에서 행낭을 풀어 도포를 꺼내 입고 갓끈을 고쳐 매었다. 두 손으로 칼을 모아 잡고 꿇어앉았다. 그 사이에도 총알이 여기저기서 어지럽게 날아들었다.

"선생을 여기에 두고 저희들만 목숨을 구할 수는 없습니다."

남은 사람들이 최익현을 가운데에 두고 빙 둘러섰다. 12명 중에는 피를 흘리거나 피 묻은 옷을 입은 사람도 있었다. 저승

사자가 한 걸음 한 걸음 다가오고 있을 때 최익현이 한 가지 제의를 했다.

"선비는 죽음을 앞두고 있을 때라도 정신만 또렷하면 책을 읽는 법이다. 옛사람 중 풍랑을 만난 배 안에서 《대학》을 읽고, 옥중에서 처형을 기다리면서 《상서》를 읽은 예가 있다. 각자 외우는 글이 있으면 소리를 높여라."

이 말을 마친 후 스스로 《맹자》의 몇 대목을 외웠다. 다들 소리 높여 글을 읽는 동안 최익현은 칼을 빼어 들었다. 자살을 하려는 찰나, 포위하고 있던 관군에 섞여 이쪽의 동태를 살피던 일본군 병사 몇이 괴상한 비명을 지르고는 허공에다 총을 연이어 쏘며 달려들었다. 최익현을 죽이지 말고 반드시 체포해 오라는 명령을 받은 일본군 병사들이었다.

목숨을 걸고 싸울 각오를 한 13명의 의병은 포승줄에 묶이고 말았다. 그날이 4월 23일, 의병을 일으킨 지 겨우 열흘이 지나 있었다.

왜병 10명이 이들을 호송했다. 최익현과 임병찬은 전직 고관이라 가마에 태워졌고 나머지 11명은 포승줄에 줄줄이 묶여 비틀거리며 서울로 향했다.

장남 영조와 사촌형제의 아들 영설이 압송 소식을 듣고 달려왔다. 길에서 마주쳤지만 일본군이 칼을 휘둘러 쫓아내며 이들의 상봉을 금지했다.

"아버님! 저 영조입니다."

"숙부님! 저 영설입니다."

"너무 걱정하지 마라. 죽기밖에 더하겠느냐. 집에 가서 너무 걱정하지 말라고 전해라. 사지 멀쩡한데 뭐가 걱정이냐."

이들 의병을 일본군이 그냥 두지 않을 것임을 잘 아는 영조와 영설이 눈물을 비 오듯 흘리며 일본군에게 매달렸다.

"썩 비켜라! 쏜다!"

일본군의 제지를 무릅쓰고 울며 따라붙던 두 사람은 빨리 집에 가서 식구들을 안심시키라는 말에 발걸음을 떼었다. 그들은 대로상에서 눈물을 머금고 서로의 안부와 집안의 처자식을 걱정하며 헤어졌다.

4월 27일이었다. 일행이 숭례문 밖에 이르렀을 때 일본군 헌병대장 오야마가 부하 100명과 통역 박종길을 대동하고 와서 최익현을 에워싸더니 일본군 사령부에 갈 것을 청하였다.

"칙명을 받고 온 줄 알았는데 너희는 대체 무엇하는 놈들인가? 내가 구금된다면 당연히 대한의 법관에 의해 구금될 것이지, 어찌 너희 놈들 사령부로 가야 한단 말이냐!"

헌병대장의 눈짓에 박종길은 최익현을 인력거에 태웠고 12명도 뒤따라 사령부로 향했다. 사령부 문에 들어서자 최익현은 땅바닥에 주저앉아 "여기가 법무부냐, 군부냐?" 하고 호통을 쳤다.

"가더라도 이 나라 법무부로 가야지, 왜 일본군 군부대로 끌고 온 것이냐?"

최익현은 북쪽 감방으로 인도되었다. 을사년 봄에 구금되었을 때 거처한 바로 그 방이었다. 그는 껄껄 웃으며 말했다.

"늘그막에 제비처럼 거듭 옛집을 찾는구나!"

이날, 우스꽝스런 일이 벌어진다. 홍주에서 결성된 의병 80명이 이들보다 먼저 사령부에 압송되어 있었다. 헌병들이 이들의 상투를 자르려고 마당에 일렬로 세워 놓고 칼을 머리로 막 가져가는 순간 희한하게도 최익현의 무리가 나타난 것이다.

"최익현이 왔대!"

"어, 정말이네!"

"저 영감이 여기 들어왔구나."

"에잇, 재수 더럽게 없네. 단발령을 반대한 저 영감태기 때문에 오늘은 칼질을 못 하겠군."

헌병들은 상투를 자르려던 것을 포기하고 의병들을 다시 감방으로 돌려보냈다. 이들은 최익현 앞을 지나가면서 다들 한 마디씩 고마움을 표시했다.

"고맙습니다. 면암 선생 덕에 상투를 보전합니다."

"머리카락 다 잘리면 자진하려 했습니다. 고맙습니다."

여러 날 동안 고문과 재판이 계속되었다. 일본군이나 재판관이 무엇을 물을 때마다 최익현은 이렇게 답했다.

"내가 뜻한 바와 행한 바는 상소문과 격문을 통해 다 밝혔다. 그리고 너희 정부에 보낸 글에 의병을 일으킨 취지가 다 들어 있는데 또 뭘 물어본단 말이냐? 나를 취조하려면 이토 히로부미가 직접 와서 하라고 해라."

화를 버럭 내며 의자를 집어던지기도 했다. 일본군 헌병대에서 주는 물과 음식을 최익현은 들지 않았다. 헌병대장이 급거 기별해 아들과 조카가 달려오게 했다. 이들이 사식을 넣어 주자 비로소 음식을 들었다. 최익현은 낮에는 《주역》을 읽고 밤에는 큰소리로 시를 외웠다.

이렇게 당당한 모습을 보이자 일본 헌병도 주눅이 들어 공손하게 대하기 시작했다. 오전, 오후 한 차례씩 감방 문을 열고 마당으로 나와 바람을 쏘이게 했다. 차와 담배를 주며 마음을 달래기도 했다. 너무 뻣뻣하게 굴지 말고 수사에 협조해 달라는 뜻이었다. 고하를 막론하고 헌병들은 최익현을 만날 때면 꼭 고개를 숙이며 절을 했다.

헌병 중에 가라상柯羅祥이란 자가 있었다. 봄비가 내리는 어느 날, 시를 지어 와 의병들 앞에서 읽고는 이렇게 말했다.

"하늘도 여러분의 충성에 감동하여 때 아닌 비를 내렸습니다. 이것은 하늘이 흘리는 눈물입니다."

책만 읽던 양반들이, 농사만 짓던 농사꾼들이 의병을 일으켰다가 여기에 잡혀 왔지만 의로운 일을 하다가 그렇게 된 것임을 일본인 헌병들이라고 모를 리 없었다.

홍주 의병장 민종식의 활약

최익현의 순창 기병이 제대로 된 전투도 해보지 못하고 일찍 깃발이 꺾인 것과는 달리 홍주 기병은 큰 전과를 올렸다. 그래서 80명이나 압송되었던 것이다. 을사늑약 이후에 일어난 의병 가운데 민종식 부대의 활약은 기술해 두지 않을 수 없다. 최익현이 이들 중 아홉 포로와 일본 대마도에서 생의 마지막 4개월 동안을 함께 지내게 된다(민종식의 활약상은 국가보훈처 자료를 정리했다).

1906년 5월 13일 민종식은 의병을 이끌고 서천읍을 공격하였다. 관아에 돌입한 의병들은 서천군수 이종석을 감금하고 총포 등 무기를 획득하였다. 다음날 비인을 함락하고 남포로 가는 도중 일본인 1명을 체포하였으며, 남포에 들어가 읍성을

민종식 의병장 초상

공격하였다. 민종식이 지휘하는 의병부대의 공격에 관군은 요
새인 남포읍성을 지키며 방어하였고, 나중에는 공주의 관군까
지 합세하여 반격하였다.

　나흘간의 전투 끝에 의병부대는 승리를 거두었다. 남포군수
서상희는 잡아 감금하였고, 관군 31명을 의병진에 귀순시키고
군량을 확보하였다. 이때 남포의 유생 유준근이 유회군儒會軍
33명을 거느리고 와 합세함에 그를 유병장儒兵將으로 삼았다.
그 후 남포 부근의 용동에서 일본인 2명을 체포하여 1명을 총살하고, 이어서 광천에서도 일본인 6명을 체포하였다. 이후 의병부대는 결성에서 하루를 지냈다.

의병부대가 홍주성을 공격한 것은 홍주 장날인 5월 19일이었다. 천여 명에 달하는 의병부대는 홍주의 삼신당리에서 일본군과 싸워 이긴 뒤, 구식 화포 2문을 선두에 내세워 홍주성을 포위하고 공격하였다. 의병부대의 우세한 공격을 당해 내지 못한 일본군과 관군은 북문을 통해 덕산 방면으로 도주하였다. 홍주성이 의병들에 의하여 탈환된 것이다.

의병부대가 홍주성을 탈환했다는 소식이 전해지자 신보균, 신현두, 이식, 안항식, 김상덕, 유호근 등 명망 있는 지방 유생들이 의병을 모아 와서 차례로 입성하였다. 그리하여 의병은 총 멘 자 600여 명, 창 가진 자 300여 명, 유회군 300여 명 등 모두 1,200여 명에 달하는 위용을 갖추게 되었다. 민종식이 각 군수에게 훈령을 내려 양식과 군기의 징발과 징병의 일을 알선하도록 명했는데, 해미군수만 포군 10명과 약간의 군자를 보냈다.

홍주성에서 패주한 일본군은 공주에서 병력을 지원받아 20일부터 홍주성을 둘러싸고 공격을 감행했지만 의병부대가 이를 격퇴하였다. 21일에는 수원 헌병부대로부터 파견된 헌병과 경찰 혼성부대를 패주시켰다. 22일에는 한양에서 20명의 일본

경찰이 증파되어 왔다. 이들은 24일 공주 진위대에서 파견한 57명의 관군과 함께 의병을 공격하였다. 27일 일본인 고위 경찰 2명과 한국인 송총순 경찰에게 순사 5명을 딸려 서문 밖을 정찰하도록 보냈으나 이들은 오히려 의병에게 체포되었다. 민종식은 29일 밤, 선봉장에 명하여 체포한 일본인 3명과 일진회원 2명을 총살하였다.

이와 같이 몇 차례의 일본경찰과 헌병대의 공격에도 전세가 의병 측에 유리하게 전개되자 이토 히로부미는 일본군 사령관 장곡천에게 군대 파견을 명령하였다. 장곡천 휘하 일본군 보병 제60연대의 대대장 다나카田中 소좌는 보병 2개 중대와 기병 반 개 소대, 그리고 전주수비대 1개 소대를 거느리고 30일, 홍주성을 포위하였다.

전투 경험이 많은 병사들로 이루어진 일본군은 우세한 화력까지 갖고 있었다. 이들은 다나카 소좌의 지시에 따라 30일 밤 11시에 동문에서 약 500미터 지점의 숲속에 잠복하였다. 31일 새벽 2시 반, 기마병 폭발반이 동문을 폭파시켰다. 이를 신호로 하여 일본 보병과 헌병대, 경찰대가 기관총을 쏘며 성문 안으로 침입하였다. 또한 2중대 1소대와 4중대 1소대는 각각 갈매지 남쪽고지와 교동 서쪽 장애물 도로 입구에서 잠복하여 의병부대의 퇴로를 차단하였다.

홍주성 전투 기록화. 일제와 싸운 의병의 모습을 사실적으로 묘사하였다.

31일 새벽 4시경에 홍주성은 일본군에 의해 함락되고 말았다. 일본군은 기마병을 시켜 의병을 추격해 사살하였다. 이때 양민들 역시 다수 희생되었다. 민종식은 전투 상황에서 남문과 서문 사이의 담을 넘어 탈출했지만 전사한 의병과 학살된 양민의 수를 합하면 300여 명에 이른다. 붙잡힌 의병 수도 145명에 달한다. 그중 김상덕 등 78명은 서울로 압송되었다. 이들은 일본군 사령부의 심문을 받은 뒤 윤석봉 등 70명은 7월에 석방되었다. 그러나 이칙, 유준근, 안항식, 이상두, 최상집, 신보균, 신현두, 남규진, 문석환은 대마도로 유배되었다. 이세영은 6월에 붙잡힌 뒤 겨울에 종신유배형을 선고받고 황주의 철도에 유배되었다. 민종식은 미리 공주로 피신하여 화를 면했으나, 결국 11월 20일에 붙잡히고 말았다.

1907년 7월 3일 교수형을 선고받은 민종식은 다음날 내각회의에서 종신유배형으로 감형되어 진도에 유배되었다가 12월에는 순종(융희황제)의 즉위를 맞아 특사로 석방되었다.

크나큰 별,
대마도에서 지다

대마도로 간 최익현

6월 25일에 판결이 났다.

최익현, 3년 동안 대마도 감금. 임병찬, 2년 동안 대마도 감금. 의병 중 고석진과 최제학은 1개월 구류형. 나머지 아홉 명은 곤장 100대를 맞고 풀려나는 것이었다.

최익현과 임병찬은 바로 남대문 밖 정거장으로 끌려갔다. 군용 트럭에 오르는 두 사람 앞을 수십 명이 가로막고서 울고불고 난리가 났다. 일가친척과 친지, 지인, 그리고 일반 백성들이었다. 최익현이 입을 열자 소란이 점점 잦아들었다.

"남자가 태어나면 큰일에 뜻을 두어야 한다. 내가 처음 거사했을 때, 어찌 티끌만큼이라도 요행을 바랐겠는가. 500년 사직에 최대의 위기를 만나 대의를 부르짖고 국권을 회복할 사람이 안 보여서 내 비록 나이는 일흔이 넘었지만 일어나 내 직분을 다했을 뿐이다. 비록 오늘 머리가 잘리고 가슴에 구멍이 뚫려도 웃으면서 땅에 묻힐 것인데, 더구나 아직 살아 있음에랴? 제군들이 나를 사랑하거든 마땅히 빨리 죽기를 바라야 한다. 서로 한탄하면서 나의 수치를 가중시켜서는 안 된다."

추상같은 말이었다. 모두 말문을 잃고 길을 내주었다. 이윽고 포승줄에 묶인 최익현과 임병찬 앞에 길이 뚫렸고, 헌병들과 함께 두 사람은 트럭에 올라탔다. 부산 동래 초량에 도착했을 때는 날이 이미 어두워졌다.

이들을 태우자마자 배는 떠나게끔 되어 있었다. 달빛은 희미한데 항구의 등불 몇이 바다 위를 비추었다. 기적이 한 번 울리자 배는 물위를 쏜살같이 미끄러졌다. 이별의 부산항이었다. 사람들이 면암 선생을 외쳐 부르는 소리를 뒤로 하고 배는 곧바로 항구로부터 멀어져 갔다.

'아아, 삼천리금수강산을 이제 다시는 보지 못하겠구나!'

최익현은 부산항의 불빛이 눈앞에서 가물가물 사라져 가자 이제는 내 나라 강토에서 죽지 못하겠다는 상념 때문에 슬픔이 파도처럼 몰려왔다. 또한 금강산을 유람했던 젊은 날의 모습이 불현듯 떠올랐다.

나이 막 쉰이 된 1882년 4월이었다. 최익현은 친구와 후학인 유기일, 이유선, 이관수, 이후인과 동행해 내금강과 외금강을 두루 구경한 다음, 동해 연안의 여러 명승과 안변의 석왕사, 원산의 학포 등지까지 가서 달포 남짓 대자연 속에서 호연지기浩然之氣를 키우다 돌아왔다.

이때의 흔적이 강원도 북고성군 온정리 금강산 외금강 구역에 남아 있다. 금강산에 오른 최익현은 스승 이항로와 함께 이곳에 왔던 일이 생각났다. 그리고 주자가 한 '주경집의主敬集義'

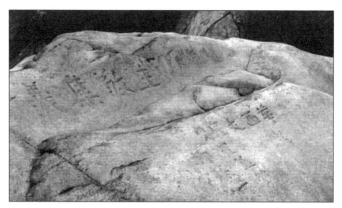
금강산 외금강 온정리 구역에 있는 큰 바위에 새긴 글씨.
위에는 '主敬集義', 아래는 최익현과 유기일의 이름이 새겨져 있다.

(마음은 경건하게 하고 행동은 의롭게 하라는 뜻)라는 말을 스승이 자주 했던 것이 기억나 이 글자를 바위에 새기고 자신과 벗 유기일柳基一의 이름을 그 밑에 새겼다.

그리운 금강산이 왜 눈앞에 스쳐 가는 것인가. 아름다운 금수강산, 다시는 못 볼 금강산이 눈앞에 어려 최익현은 눈을 질끈 감았다. 그때 쓴 시가 십수 편이 되는데, 3편의 시를 여기에 올려 둔다.

골이 깊으니 완연히 우물 속 하늘 같아
만폭동 좋은 이름 세상에 전했구나.

원화동 기이한 바위는 바둑판같이 그려지고
진주담 맑은 물은 스스로 못 되었네.
앞 사람들이 얼마나 읊고 갔던가?
풍물은 아직도 예와 다름없구나.
우습다, 동쪽에서 온 천 리 나그네여
쇠잔한 나이 오십에 신선 구한다네.

〈만폭동(萬瀑洞)〉 전문

금강산 제일봉 생각이야 오래 했지만
속세 인연 여기 올 걸 생각조차 못했네.
사방으로 뻗친 가지 근본에 의지했고
둘러싼 잔봉우리 주봉을 쳐다보네.
북두칠성이 지척에 달려 있고
동쪽 바다 만 리가 가슴을 씻어 주네.
붉은 놀 푸른 잣나무 그늘진 곳에
높은 아취 참으로 신선을 따를 것 같네.

〈비로봉(毘盧峰)〉 전문

한없는 금강산을 또 여기서 찾으리
뱃노래 두어 곡 번뇌를 씻어 주네.
십 일 동안 산 오르며 다리가 피곤했지만

만 리 펼쳐진 바다 보는 마음 통쾌하구나.

먼 길에 마음 통하는 사람 없다더니

우연히 만나 주민 인정이 깊고 깊어

술과 고기 푸짐한 석양 길에

어버이 생각하니 슬프다, 길은 천 리.

<해금강(海金剛)> 전문

금강산을 노래한 수많은 시편 가운데 최익현의 이런 한시도 참 아름다운데, 알려지지 않은 것이 안타깝다.

'저 땅을 일본이 몽땅 차지했는데 저 땅에서 죽은들 무슨 의미가 있을까.'

이상하게도, 시야에 조국의 산천이 하나도 보이지 않을수록 금강산의 비경은 오히려 차례차례 떠오르는 것이었다.

일본군은 최익현의 포승줄을 풀어 주고 선실에 감금했다. 헌병 가라상은 정성을 다하여 최익현을 보살펴 주었다. 다행히 파도가 없어서 뱃멀미하는 사람이 거의 없이 배는 이튿날 아침에 대마도항에 닿았다.

홍주에서 기병한 의병 9명이 먼저 이곳에 잡혀와 있었다. 최익현은 이들과 만나 반갑게 목례를 했다. 이들은 모두 경비대 임시관사에 갇히게 되었다.

일본 땅에서 난 음식을 거부하다

다음날 아침 경비대장이 병사 너덧 명을 거느리고 나타났다. 감금된 사람들을 줄 세우고 모두 갓을 벗으라고 명령을 내린다. 예를 갖추라는 뜻이다. 누구도 그 명을 따르지 않았다. 친구처럼 허물없이 대하거나, 밖에서 집으로 돌아왔을 때나 갓을 벗는 것이지 아무 때나 그러면 복종하는 것으로 여겨졌기 때문이다.

병사 하나가 최익현에게 다가가 강제로 갓과 탕건을 벗기려고 하자 큰소리로 꾸짖었다.

"어디 이놈이! 내 몸에 손을 대면 혀를 깨물어 자결하겠다!"

화난 병사가 칼을 쳐들어 찌르는 시늉을 하자 최익현이 상의를 열어젖히며 "어서 찔러라, 이놈아!" 하고 소리쳤다. 이 광경을 본 경비대장이 고개를 절레절레 흔들며 물러났다.

최익현이 임병찬에게 말했다.

"내가 왜국과 30년 동안 으르렁댄 혐의가 있으니 저들이 나를 해치는 것은 조금도 괴이하지 않다. 나라가 위태로운 지경에 이르렀는데 지켜 내지 못했고 임금이 욕을 당했는데도 죽지 못했으니 나는 마땅히 죽어야 한다. 그러나 오늘까지 내가 살아 있는 이유는 헛된 죽음이 국가에 무익하기 때문이다. 일이

말년의 최익현. 부채를 들고 있으니 여름인가. 의관을 정제하고 돋보기를 썼다.

성공하지 못하리라는 건 거사하는 날 이미 예감하고 있었으니, 오늘의 횡액은 오히려 늦은 일이다."

머리는 온통 백발에다 돋보기안경을 쓴 일흔넷의 노인이었다. 어디를 봐도 의병장 같지 않았다. 말 위에서 칼을 빼어 들고 병사들을 호령한 홍의장군 곽재우의 위엄도, "일제 사격!"이라 외치며 매복한 독립군에게 사격 명령을 내리던 김좌진 장군처럼 탁 트인 목소리도 갖지 않았다.

대마도에 온 지 사흘이 되도록 최익현은 식음을 전폐했다.

옥졸이 주는 음식에 손을 대지 않은 탓에 안 그래도 여윈 몸이 쇠꼬챙이가 되어 갔다.

최익현은 단식의 이유를 임병찬에게 이렇게 설명했다.

"차라리 목을 베고 죽을지언정 머리를 깎지는 못한다는 의義는 이미 을미년 겨울에 유길준에게 피체되었을 때 정해진 것이오. 지금 이 지경이 되어 그들의 음식을 먹고도 그들의 명령에 따르지 않는 것은 의가 아니니, 지금부터는 다만 단식하는 것이 좋겠소. 전쟁터에서 죽지 않고, 굶어서 죽는 것 또한 내 명命이오. 내가 죽은 뒤에 군은 뼈를 거두어서 내 집으로 보내시오."

또 하루가 흘러갔다. 눈앞이 자꾸 가물가물했다. 말린 명태처럼 허리가 꼿꼿한 최익현은 양반다리를 하고 앉은 자세로 숨만 거칠게 몰아쉬었다. 누가 봐도 죽음의 순간이 다가들었다고 느낄 정도였다. 희미해지는 의식을 붙잡아 보려고 입술을 깨물었다.

나흘째 되는 날 옥문을 사이에 두고 일본 보병대 대장과 대마도 경비대장이 최익현과 마주했다.

"죄인은 왜 밥을 먹지 않는가?"

대마도 경비대장이 최익현에게 물었다. 단식투쟁하는 이유가 무엇이냐고 물어본 것이다.

"네 이놈! 내 비록 잡혀 온 신세이긴 하나 너희들의 명령에 꼬박꼬박 답하고, 시키는 대로 하는 꼭두각시가 아니다. 심문하는 거라면 예를 갖춰서 하라."

대마도 경비대장이 머쓱한 표정을 짓자 보병대 대장이 예를 갖춰 다시 물었다.

"왜 음식을 거부하는 거요? 섬의 음식이라 입맛에는 안 맞겠지만 몇 술 뜨는 시늉이라도 해야 하지 않겠소?"

"이 밥도 이 나물도 일본 땅에서 난 것이니 나는 먹을 수가 없소."

"물은 마셔야 하지 않소. 물은 빗물이 땅에 스며들어 그것을 퍼 올린 우물이니 마셔도 되지 않겠소?"

"통에 받은 빗물이라면 마시겠으나 너희들 왜의 땅에 스며들었던 물이라 마실 수가 없다."

보병대 대장과 경비대장의 표정이 완전히 구겨진 휴지가 되고 말았다. 최익현이 단식 끝에 죽는다면 그 책임이 자기네들한테 돌아올 것이 뻔하므로 대책을 강구하기로 했다.

다음날 아침 마침 비가 좀 뿌렸다. 최익현은 옥졸이 받아 준 빗물을 조금 마셨다. 그렇게 닷새가 흘러갔다.

같이 옥에 갇힌 임병찬이 울면서 호소했다.

"나으리, 이러시면 안 됩니다. 여기서 이렇게 돌아가셔서야 되겠습니까?"

홍주에서 의병을 일으켰다가 잡혀 온 이칙, 유준근, 안항식, 이상두, 최상집, 신보균, 신현두, 남규진, 문석환도 최익현의 단식을 말렸다. 하지만 최익현은 대웅전의 부처상처럼 요지부동이었다.

최익현은 자신과 생의 마지막을 함께하고 있는 이 아홉 사람에게 시를 주었다. 각자에게 준 9편의 시였으니 자기가 죽을 것을 알고 쓴 이별의 정표였다. 편편의 시에 사람에 대한 인정과 배려가 차고 넘친다.

조그만 한 서생 의리에 독실하니
옛집 기울 지금도 있구나.
사를 잊고 공을 위함이 비록 장하나
어머니가 문 열고 기다림을 어찌하랴.

이칙에게 줌

선비가 나랏일에 관계없다는
담담한 그 의논들은 간담을 차게 하네.
모든 사람들은 바람에 쓸리는데
오직 그대만이 옛 의관을 지켜 왔구나.

유준근에게 줌

그대 집 이름 듣기에 익었으니
도 없는 이 세상에 이 눈 다시 열리네.
거센 물 험한 산 괴롭다 말라.
나무는 풍설을 지냄으로써 재목 이루지.

안항식에게 줌

밤중 슬픈 노래 어찌 그렇게도 격한가.
세상에는 춘추 읽을 곳마저 없구나.
오래 내려온 자네 집 전통 알고 있네.
늙은 지경 향하여 더욱 노력하게.

신보균에게 줌

범을 잡고 하수를 건너는 것 허용하지 않음,
이것이 성문에서 분명히 남긴 훈계네.
오직 그대는 의리를 잡아서
사리로 경중을 비교하지 않으리.

이상두에게 줌

금수가 날뛰는 이 산하에 하늘도 늙어서
이번 걸음 어찌 흰머리를 부끄러워하랴.
두 소매에는 안개와 놀을 가득 거두었으니
고향에 돌아가 우리 집 손님에게 자랑하려네.

최상집에게 줌

내 몸 있는 곳이 곧 내 집인데
만 리의 험한 파도 하늘에 닿았구나.
언제나 평안한 자네 같은 이 몇 사람인가.
아노라, 그대는 옛날 삼동에 공부가 많았지.

문석환에게 줌

늙은 어머니 어린아이 가난이 심한데
누가 자네 이 걸음을 명했으랴.
만사는 본래 정해져 있음을 나는 알아,
어찌 구구히 아녀자들의 정을 지으랴.

남규진에게 줌

어릴 땐 사랑을 알고 커서는 공경할 줄 알면
이런 사람이야 이 세상 헛살지 않았네.
그밖에 궁하고 통함을 무엇 헤아리랴.
어진 옛 사람들 모두 탄탄한 길로 돌아왔네.

신현두에게 줌

함께 지낸 지 며칠 되지 않았음에도 집안 사정과 살아온 내력, 성격과 특징을 잘 파악해 9편의 시를 지어 일일이 손에다 쥐어 주었으니, 최익현의 사람에 대한 애정이 참 살뜰함을 알수 있다.

이상두에게 주는 시에는 "범을 잡고 하수를 건너는 것"이란 구절이 보이는데, 《논어》 술이述而 편에 이 말이 나온다.

"맨손으로 범을 때려잡고 맨몸으로 강을 건너려 하다 죽어도 후회할 줄 모르는 사람을 나는 데리고 가지 않을 것이다."

즉, 무슨 일을 시작할 때 건방을 떨거나 무모하게 덤비지 말고 치밀하게 계획을 세워 성공을 꿈꾸는 사람을 데리고 갈 것이라는 뜻이다.

다음날 다시 보병대 대장이 왔다.

"사람을 보냈으니 사흘 후에 부산에서 배편으로 쌀이 올 거요. 지금 여기서 옥살이하는 당신네들이 먹는 음식은 모두 한국(대한제국) 정부에서 낸 수인囚人 식비에서 나오는 것이오. 우리는 당신네들을 감시하는 것에 불과하오. 쌀이 오면 밥을 지어 줄 테니 그때는 반드시 먹도록 하시오."

최익현은 고개를 좌우로 흔들었다.

단식을 한 지 근 열흘이나 되어서야 최익현은 처음으로 숟가락을 들었다. 부산에서 온 쌀로 지은 밥이었다. 하지만 그의 팔에는 숟가락 들 힘조차 남아 있지 않았다.

대마도에서 순국하다

미음을 조금씩 먹기 시작했지만 배를 타기 전에 당했던 고문과
열흘 남짓한 단식으로 인해 최익현의 몸은 정상이 아니었다.
나이도 이미 일흔넷, 그때까지 목숨이 붙어 있는 것도 기적이
었다.

10월 19일에는 일어나 앉을 수도 없는 지경이 되었다. 몸이
퉁퉁 부은 데다 혀가 자꾸만 목구멍 안쪽으로 말려들었다. 닷
새가 지나도 변을 못 봐 아랫배가 불룩해졌다. 이미 정신은 혼
미해져 말을 제대로 잇지 못했다.

10월 하순, 대마도의 바람은 사람의 발걸음을 휘청거리게
할 만큼 셌다. 바람소리가 너무 세서 섬의 개들과 고양이, 소,
돼지, 닭들도 잠을 이루지 못하고 뜬눈으로 밤을 새우기 일쑤
였다. 겨울이 다가오고 있었다.

11월이 되었다. 어느 날 문득 정신이 들었을 때 최익현은 유
언을 해야겠다는 생각이 들어 보병대 대장에게 부탁했다.

"유소遺疏를 쓰고 싶으니 벼루와 붓을 준비해 줄 수 있겠소?"

대장은 이를 허락하였다. 하지만 직접 붓을 들어 글을 쓸 힘
이 없어 임병찬에게 부탁하여 고종에게 올리는 마지막 글을 받
아 적게 했다.

죽음을 앞둔 신 최익현은 일본 대마도 경비대 안에서 서쪽을 향해 두 번 절하고 황제 폐하께 말씀을 올립니다.

삼가 아룁니다. 신이 금년 윤사월에 의거를 시작할 때 대략 상소로 아뢰었는데, 그 상소가 전달되었는지 여부를 모르겠습니다. 신이 거사를 잘못하여 마침내 체포되는 욕을 당하여 7월 8일 일본 대마도로 압송되어 지금 그들의 경비대 안에 수감되었사오니, 스스로 헤아리건대 필경 살아서 돌아갈 희망은 없사옵니다. 이놈들이 처음에는 강제로 신의 머리를 깎으려다가 다시 교활한 수단으로 달래고 위협하니 놈들의 심사를 측량할 수 없고 반드시 죽이고야 말 것입니다.

삼가 생각하건대 신이 여기에 온 뒤로 한 술의 밥이나 한 모금의 물도 다 적에게서 나온 것인즉 설령 적이 신을 죽이지 아니한다 해도 신이 차마 배를 채우려 자신을 더럽힐 수는 없기에 식사를 거절하고 옛사람의 '자신을 깨끗이 하여 선왕에게 부끄러움이 없다'는 의리를 따르려고 결심했습니다. 신이 나이 74세이니 지금 죽은들 무엇이 아까우리까만, 다만 역적을 능히 치지 못하고 원수를 능히 없애지 못하며 국권을 회복하지 못하고 강토를 도로 찾지 못하여 4천 년 중국의 정도正道가 흙탕에 빠지는 것을 붙들지 못하고, 삼천리 강토에 선왕의 백성이 어육이 되는 것을 구하지 못하였으니 이는 신이 죽어도 눈을 감지 못하는 까닭입니다.

이 지점에 이르렀을 때 두 사람 모두 눈물을 흘리기 시작했다. 구술하는 최익현의 눈에서도, 받아 적는 임병찬의 눈에서도 굵은 눈물이 하염없이 흘러내렸다. 바람은 계속 온 섬을 삼킬 듯 불어제쳤다. 그런 연후에 최익현은 일본이 미국과 전쟁을 할 것이라고 예언한다. 1907년 3월 7일에 쓴 이 마지막 상소문遺疏에다 30여 년 뒤에 일어날 일을 예언하다니, 놀라울 따름이다.

하오나, 왜놈은 멀어도 4～5년 사이에 반드시 망할 징조가 있는데 다만 우리가 대응할 도리를 다하지 못할까 걱정입니다. 이제 청국과 러시아 두 나라가 밤낮으로 이놈들에게 이를 갈고 있으며 영국과 미국 등도 이놈들과 반드시 잘 지내는 것만은 아니니 조만간 틀림없이 싸움을 할 것입니다. 또한 전쟁을 치르면 백성이 궁하고 재물이 바닥나서 민중이 그 윗사람을 원망할 것이니 밖으로 틈을 엿보는 적이 있고 안으로 위를 원망하는 백성이 있으면 망하는 것은 발을 들고 기다릴 수 있습니다.

엎드려 바라오니, 폐하께서는 국사를 할 수 없다고만 하지 마시고 마음을 분발하고 뜻을 넓게 세워서 퇴폐함을 진작하시고 인순因循함을 일으켜 참지 못할 것은 참지 마시고, 믿지 못할 것은 믿지 마시며, 허위에 접내지 마시고, 아첨하는 말을 듣지 마시어 더욱 자주하는 정신을 굳게 하셔서 의뢰심을 끊고 와신상담하는 뜻을 새겨 스스로 반성하는 자세를 취하십시오. 그리하여 영재와 준걸을 불러들이며 군인과 백성을 아껴 길러 사방 형편을 보아 가면서 일을 하신다면 이 나라 백성은 진실로 임금을 높이고 나라를 사랑하는 마음이 있게 되어서 선왕의 500년 성덕의 혜택이 마음에 젖어들 것이오니 어찌 폐하를 위해 죽을힘을 다해 원수를 갚고 치욕을 씻지 않겠습니까? 그 동기는 다만 폐하의 마음 하나에 있사오니 엎드려 바라옵건대 폐하께서는 신이 죽음을 앞두고 하는 말이라 해서 조금도 소홀히 하지 않으신다면 신은 지하에서 또한 마땅히 손을 모아 기다릴 것이옵니다.

한 마디 한 마디 다 옳은 말이지만 이미 나라의 운명은 풍전등화를 넘어 꺼진 촛불이었다. 고종이 이 상소문을 읽어 본들 무슨 소용이 있으랴. 목숨이 경각에 이르렀지만 최익현은 자기가 할 수 있는 일을 할 뿐이었다. 두 사람은 흐느껴 우느라 글씨가 써지질 않았다.

그동안 수도 없이 쓴 상소문, 그것 때문에 곤욕은 또 얼마나 많이 치렀던가? 오랜 귀양살이도 두 번이나 했고, 목숨을 잃을 뻔한 적도 있었다. 최익현은 마지막으로 상소문을 쓰고자 하니 고종과의 사이에 있었던 수많은 일들이 생각나 눈물을 흘렸

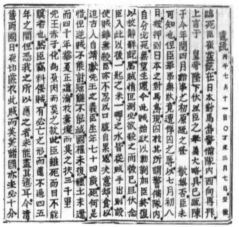

마지막 상소문의
앞부분

고, 임병찬은 의병운동을 같이한 최익현의 목숨이 이제 경각
에 이르렀다는 생각에 애통하여 눈물을 흘렸다.

신은 죽음에 임해서 정신이 어지러워 하고 싶은 말을 일일이 전할
수 없어서 여기까지만 써서 신과 함께 갇힌 전 군수 임병찬에게 부
탁하고 죽으면서 그로 하여금 때를 기다려 올리게 부탁했사옵니
다. 엎드려 비옵건대 폐하께서는 어여삐 여기시어 살펴 주옵소서.
신은 눈물을 이기지 못하오며 영결하는 심정으로 삼가 스스로 목
숨 끊었음을 아룁니다.

286

말을 마치고 최익현은 기운이 빠져 거의 혼절할 지경이 되었다. 침상에 쓰러져 숨을 가쁘게 내쉬었다.

11월 16일 아침이 되었다. 잠시 정신이 돌아왔다. 최익현은 주변에서 자신을 돌보던 사람들에게 미소를 지어 보이더니 아픔이 심한지 금방 눈살을 찌푸렸다. 하지만 종내 아무 말이 없었다. 패장으로 적국에 포로로 잡혀 온 신세, 입 벌려 하고 싶은 말도 없었을 것이다.

1906년 11월 17일 새벽 4시였다. 최익현은 싸늘한 감방에서 눈을 감았다. 동지이자 부하였던 임병찬이 임종을 지켰다. 만 73년의 생애, 단 한 번도 휜 적이 없는 대나무가 꺾이는 순간이었다.

그날 밤, 대마도의 하늘에서는 큰 별똥별이 동남쪽으로 떨어지며 환한 빛을 뿌렸다. 주민들 중에는 큰 별들이 우수수 떨어지는 것에 겁을 내는 이들도 더러 있었다.

그 다음날 최익현의 몸은 관에 넣어져 수선사修善寺로 옮겨졌다. 수선사의 스님 한 분이 최익현의 시신을 수습해 사흘 동안 안치해 주었기에 가능한 일이었다.

20일에 관을 배에 실어 그 다음날 부산의 초량 나루에 내렸다. 부산에 있는 절 상무사에 잠시 안치했다가 고향으로 운구하기로 했다.

부산 초량 나루에 관이 내려졌을 때 놀라운 광경이 벌어졌다. 최익현 선생이 돌아가셨다는 소식을 그 사이에 듣고는 수많은 부산 사람들이 부두로 몰려나온 것이다. 다들 관을 어루만지며 대성통곡했다. 상무사에 안치했다가 22일에 성복成服, 23일에 발인發靷 같은 장례 행사가 이어졌는데, 그때마다 사람들이 새까맣게 몰려들었다.

충남 청양군 정산의 자택까지 영구차가 가야 하는데 차를 가로막고 우는 사람의 수가 눈덩이처럼 불어났다. 울면서 매달리는 사람들 때문에 영구차는 하루에 5킬로미터밖에 갈 수가 없었다.

군중의 행동을 두려워한 일본군은 처음에는 총검으로 군중을 해산하려고 했지만 곧 포기했다. 쫓아내면 다시 몰려오고 쫓아내면 다시 몰려오니 몇 안 되는 일본군으로서는 중과부적이었다.

일본군은 영구차를 빨리 이동하라고 운전사를 독촉했지만 운구 행렬의 속도는 완전히 거북이걸음이었다. 부산에서 120킬로미터 떨어진 묏자리까지 가는 데 꼬박 열흘이 걸렸다. 한겨울이 아니었다면 시체 썩는 냄새가 진동했을 것이다.

"아이고, 아이고, 최익현 선생이 돌아가시다니 … ."

흡사 임금이 승하했을 때처럼 길거리에 퍼질러 앉아서 땅을 치며 통곡하는 이들도 많았다. 갓 쓴 선비는 물론이거니와 여염집의 아낙과 절간의 승려들, 고을 동헌의 기생에 이르기까지 각양각층의 사람들이 부모를 잃은 듯이 하늘을 우러러 땅을 치며 통곡했다. 최익현 선생의 관 앞에 놓일 제물과 제기는 왜놈 것을 쓰지 말라고 하면서 제사에 쓸 물건과 음식을 손수 챙겨 오는 이들도 더러 있었다.

온 나라 사람들이 마음 깊이 슬퍼하는 가운데 장례식이 엄수되었다. 장례식장에는 수백 명의 선비가 모여들어 인산인해를 이루었다.

최익현이 순국하여 장례식이 엄수될 것이라는 소식을 접한 이토 히로부미 통감이 만사輓詞(죽은 사람을 위해 지은 글)를 지어 시종을 시켜 장례식장에 전달했다. 이례적인 일이었다. 조선 침략에 제일 적극적으로 나선 이토 히로부미였지만 최익현의 우국충절과 애국애족 정신에 깊이 감동하여 다음과 같은 만사를 지어 조문한 것이다.

대한 왕께 절 올리며, 님을 위해 곡 하올제
흐르는 눈물 바람에 날려 온 하늘에 비가 오네
명산 어디에 님의 유택 정할까 그 좌향 묻지 마라
백이伯夷의 서산西山에서 노중연魯仲連의 동해여라

과장법을 쓴 시지만 진심으로 애도하는 마음과 진정성이 느껴진다. 이토는 최익현을 마음 깊이 존경했던 것이다. 마지막 행은 《사기史記》에 나오는 중국의 고사를 알아야 이해가 갈 것이므로 설명을 덧붙인다.

백이와 숙제는 중국 은나라 말엽, 주나라 초엽에 살았던 선비다. 이들은 한 나라를 다스리던 고죽군孤竹君의 아들로 왕위 계승자였다. 그러나 백이는 물론 숙제도 왕위 계승이 예법에 어긋난다며 사양했다. 두 사람은 나라를 떠나 주나라로 갔으나 주나라 왕이 죽고 아들 무왕이 왕위에 올라 은나라를 점령하려 했다. 백이와 숙제가 은나라 정벌을 말렸으나 무왕은 듣지 않았다. 그러자 두 사람은 주나라의 녹을 받은 것을 부끄러워하여 주나라의 곡식을 먹기 거부하고 수양산에서 굶어 죽었다.

이들은 처음에는 고사리를 뜯어 먹으며 배를 채우다가 그 고사리도 주나라에서 나는 것이라면서 거부하였다. 그들은 굶어 죽을 지경에 이르러 노래를 지어 불렀는데, "저 서산에 올라 고사리를 뜯네"로 시작되는 노래였다. "백이의 서산에서"라고 한 것은 최익현의 단식투쟁을 높이 평가한다는 뜻이다.

《사기》에 의하면 노중연은 위나라와 조나라가 진시황에 굴복해 그를 황제로 받들려고 할 때 "차라리 동해에 빠져 죽을지언정 그를 황제로 모시는 데 가담하지 않겠다"며 반대한 사람이다. 임금에 대한 최익현의 충성심을 높이 기린다는 내용이다.

중국(청나라)의 실권자 위안스카이袁世凱도 만사를 지어 인편에 보내 조문하였다.

불타 죽은 개자추, 물에 뛰어든 굴원

그 유해 무엇하러 동녘 고국에 옮기려나?

이 나라 전부 삼천만 전부 적의 손에 들어갔으니

애달프다, 님이 묻힐 그 산 하나 따로 없네

개자추나 굴원은 모두 중국의 유명한 충신으로 억울하게 죽은 이다. 위안스카이는 이미 나라를 잃었는데 차라리 일본 땅에 묻을 것이지, 무엇하러 유해를 조국 산천에다 묻겠다고 갖고 오냐며 최익현의 죽음을 애도하였다.

4년 뒤인 1910년 경술국치 때 음독자살한 황현도 최익현의 죽음을 애통해하며 긴 한시를 지어 조문하였다.

(상략)

잡힌 몸 죽는 아픔 면하는가 하였더니

애달프다 적지 순국 죽은 몸으로 돌아오니

지난 생애 칠십 년에 오는 역사 천 년이라

님과 같이 좋은 명운 어디 또 있으랴?

용도 울고 고기도 울고 귀신마저 슬퍼할 때

춘추대의 붉은 명정名旌 바다 위에 출렁출렁

통곡소리 거리마다 삼백 군에 이어질 때

가득하다 대한 정화精華 님을 실은 그 배여

최익현의 유해가 부산에 당도해 장지로 가는 과정을 "통곡소리 거리마다 삼백 군에 이어질 때巷哭相連三百郡"로 표현하였다. "가득하다 대한 정화 님을 실은 그 배여國華滿載一孤舟"에는 최익현의 최후 결단에 대한 깊은 존경심이 담겨 있다.

김성근金成根 한국학정보센터 자료조사위원은 〈동뫙기상제문〉이라는 제목으로 '독립여학도 이가'라는 기생이 한글로 쓴 면암 추모 제문과 추모시를 발견해 그 원문을 공개했다.

한문 제문 형식에 맞춰 한글로 쓴 이 제문은 가로 69.7센티미터, 세로 25.7센티미터의 한지에 붓글씨로 돼 있다.

이 제문은 서두에 "동뫙기 비봉은… 면암 최 선생 영구지전왈"이라고 시작한다. 이는 부산 동래의 기생 비봉飛鳳(독립여학도 이가)이 면암의 영구靈柩 앞에 바치는 제문이라는 뜻으로 해석된다.

비봉은 1876년 일본과의 강화도조약 체결에 반대하며 '도끼

기생 비봉이 쓴 제문

'상소'를 올렸던 면암의 기상을 칭송하고, 나라를 보호하고 그 치욕을 씻으려다 뜻을 이루지 못한 것을 한탄하고 있다. 제문은 "나도 충혼이 없을소냐 세우리라 세우리라 우리 대한 독립관을 세우리라"라며 면암의 정신을 이어받을 것을 다짐하는 것으로 끝난다. 또 제문 뒤에는 "오호 통재라 면암 선생 찬정贊政 공은 도덕도 장하시고 충절도 거룩하다"로 시작하는 시가詩歌가 붙어 있다.

면암의 4대손인 최창규崔昌圭 전 성균관장은 "《면암 문집》의 제문 중에 동래 기생 비봉의 국한문 혼용 제문이 전해진다"며 "이번에 발굴된 한글 제문의 내용이 비슷하면서도 더 길기 때문에 비봉이 남긴 친필 제문으로 보인다"고 말했다. 이를 미루어보건대 그 당시에는 기생조차도 최익현의 애국심을 알고,

그의 죽음을 진심으로 애도하였음을 알 수 있다.

　나도 이제 이 책을 마무리하면서 최익현을 기리는 시를 한 편 써보겠다. 우리 역사상 가장 우둔했던, 아니 가장 결곡했던 인물 최익현의 명복을 빌면서.

　　그대 붓 버리고 칼을 들었을 때
　　그 칼로 무엇을 벨 수 있으리라 생각했는가
　　단 한 명도 베지 못했고
　　단 한 명도 구하지 못했잖은가
　　그대 도리를 버리고 명분을 취했을 때
　　허리 꺾이는 나라를 일으켜 세울 수 있으리라 생각했는가
　　빛바랜 왕가를 지켜본들
　　오백년 사직을 돌아본들

　　안하무인은 아니었지만 고집불통이었지
　　억지춘향이 아니었지만 독불장군이었지
　　그래, 휘어지느니 꺾이겠다고
　　구차하게 사느니 식음을 전폐하겠다고

　　맹수는 죽을 장소를 스스로 찾는다 했는데
　　면암은 전장에서 죽지 못했다

살아서 부끄러운 목숨이여

잡혀서 더 부끄러운 목숨이여

내 오늘 면암을 만나려는 것은

그때나 지금이나 외세의 비바람

풍랑 이는 저 바다의 일엽편주 같은

이 나라가 하나의 나라인가 묻고 싶어서다

어리석어라 내 나라 사람들아

면암이 그렇게도 지키려 한 이 삼천리

허리는 부러지고 사지는 뒤틀려 있다

그럼에도 그대, 활을 가지고, 활을 갈아서

〈최익현에게〉 전문

전국 방방곡곡에서 선생의 뜻을 기리다

장례식은 무사히 끝났고, 그로부터 1년 정도의 세월이 흘렀다. 선생의 관을 조상들이 묻힌 선산으로 옮기자는 이야기가 집안에서 나왔다. 그래서 1907년 4월 초하루에는 제자와 지인들 300여 명이 모여 충남 논산군 노성면 지경리 무동산 아래 계좌언덕으로 최익현의 관을 이장하였다.

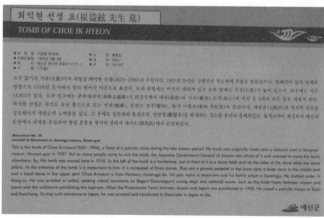

최익현 선생 묘(崔益鉉 先生 墓)
TOMB OF CHOE IK-HYEON

최익현의 묘소.
원래 논산에 있던 것을 1909년 11월 14일에 예산으로 이장하였다. 기념물 제29호로
지정되었으며, 아래의 묘소 설명문을 보면 왜 논산에서 이곳으로 옮겼는지 알 수 있다.

296

묘소 올라가는 길 입구에 새워진 비석(春秋大義碑).
1972년 11월. 예산군 현모사업회에서 건립하였다.

이 소문을 듣고 전국에서 사람들이 참배하려고 몰려오자 일제는 충남 예산군 대흥면 봉수산(현 예산군 광시면 관음리)으로 묘를 옮길 것을 명했다. 사람들이 찾아가기 어려운 첩첩산골이었다.

이후, 전국 방방곡곡에 최익현 선생의 정신을 높이 기려 사당과 비석이 세워졌다. 어떤 것들이 있는지 지금부터 살펴볼까 한다. 지명을 잘 알아 두었다가 근처로 여행할 때가 오면 들러 보고 참배해도 좋을 것이다.

선생이 노년에 들어 6년 동안 살았던 곳은 충남 청양군이다. 청양군 목면 송암리에 가면 선생의 위패가 모셔진 모덕사慕德祠라는 사당이 잘 조성되어 있다. 선생에게 내린 고종의 밀지密旨 가운데 나오는 "나랏일이 어지러움에 경의 덕을 높이 사모하노라艱虞孔棘 慕卿宿德"라는 글에서 '慕' 자와 '德' 자를 가져와 지은 사당 이름이다. 추모 모임인 모덕회에서는 해마다 의병 의거일인 4월 13일(양력)과 돌아가신 날인 11월 17일(음력)에 맞춰 추모제를 지낸다.

이곳에는 영정을 모신 '성충사', 거처를 옮겨 놓은 '중화당', 유물 전시관인 '대의관', 장서를 보관하는 '춘추각' 등의 건물이 있는데, 청양군청 공무원이 관리한다. 중화당에는 생시에 사용하던 피혁류와 필기구 등 총 9종 128점이 전시되어 있다. 춘

모덕사 입구에서

추각에는 선생이 탐독한 서책 4,023권과 서찰 1,974점이 보관되어 있다.

선생의 출생지 포천시에서는 선생의 순국 100주기를 맞아 기념사업을 활발히 펼쳤다. 일찍이 선생의 우국충정을 기리고자 건립된 채산사蔭山祠(경기도기념물 제30호)를 1975년에 복원한 포천시에서는 2007년에 선생의 생가 터를 알리는 비석을 세웠다.

경기도 가평군 하면 하판리에 가면 '삼충단三忠壇'이라는 제단이 있다. 최익현, 조병세, 민영환 세 분의 넋을 기리기 위해 1989년에 세워진 제단으로, 가평군 향토유적 제12호다.

조병세趙秉世는 을사조약이 체결되자 국권회복과 을사오적의 처형을 주청하기 위하여 고종을 만나려 하였으나 일본군의 방해로 거절당했다. 연금된 표훈원이란 곳에서 고종에게 올리는 유소遺疏와 각국 공사 및 동포에게 보내는 유서를 남기고 음독 자결하였다.

전북 진안군 마령면 평지리 사곡마을에 가면 '영곡사靈谷祠'가 있다. 구한말의 의병장 최익현, 송병선, 이도복 세 분의 영정과 위패가 모셔져 있다.

전북 순창군 인계면 지산리에는 신라 말의 학자 최치원과 최익현의 영정과 위패를 모신 사당 '지산사芝山祠'가 세워져 있다.

전북 정읍시 칠보면 시산리에도 최익현과 그를 따라 의병에 나섰던 김직술, 김기술을 추모하여 세운 '시산사詩山祠'가 있다.

이밖에 전북 고창군 산림면 가평리에는 '도동사道東祠', 광주 광산구 대산동에는 '대산사大山祠', 전남 함평군 월야면 외치리에는 '월악사月岳祠', 전남 곡성군 오곡면 오지리에는 'ㅇ강사吾岡祠', 전남 구례군 문척면 금정리에는 '봉산사鳳山祠', 전남 보성군 웅치면 유산리에는 '모충사慕忠祠'가 있는데, 그곳에 가보면 최익현의 영정과 위패를 볼 수 있다. 이들 사당에서는 인근 주민들이 선생의 탄생일이나 순국일에 맞춰 제사를 지낸다.

최익현의 동상은 충남 청양군 대치면 대치리와 정산면 마치리 경계 지점에 하나가 있고, 또 하나는 경기도 포천시 군내면 하성북리 청성문화체육공원에 있다. 포천의 동상 뒤에는 〈충국시忠國詩〉가 새겨져 있다.

백발을 휘날리며 밭이랑에 떨쳐 일어남은
초야에서 불타는 충성하고자 하는 마음
난적을 치는 일은 사람마다 해야 할 일
고금이 다를 것인가 물어 무엇하리오

유배지 제주도 남제주군 표선면 가시리에 가면 최익현을 기

포천 청성문화체육공원에 있는 최익현 동상

리는 유적비가 서 있다. 제주시 일도2동에 가면 여기서 귀양살
이를 했다는 표석인 '적거유허지'가 돌에 새겨져 있다. 제주시
오라동에는 제단 '문연사文淵社'가 있다.

1962년에는 건국훈장 대한민국장이 추서됨으로써 최익현
선생의 애국정신이 더욱 널리 알려졌다.

연보를 정리하며 9년 동안 씨름한 인간 최익현과의 질긴 인
연을 매듭짓는다.

면암 최익현 연보

1833. 경기도 포천군 신북면 가채리에서 출생(12월 5일).

1836. 흉년을 겪고 가세가 기울어 충북 단양으로 이사.

1838. 가까운 서당에 나가 글을 배우기 시작.

1841. 김기현 선생 밑에서 글공부를 함.

1843. 아버지 최대, 양근 후곡에 나와 집을 빌려 살아감.

1846. 벽계에 있는 이항로의 집에 들어가 공부하기 시작.

1846. 스승 이항로에게 면암勉菴이라는 호를 받음.

1850. 스승 이항로를 모시고 설악산 유람.

1852. 스승의 문하를 떠나 귀가.

　　　용진강 가로 이사.

　　　청주 한씨와 혼인.

1854. 온 집안이 다시 포천 가채리로 이사, 태생지로 돌아옴.

1855. 과거시험 명경과에서 급제.

　　　승문원 부정자라는 직급으로 관리 일 시작.

1856. 성균관 전적에 임명.

1857. 순강원 수봉관에 임명.

1859. 사헌부 지평에 임명.

　　　사간원 정언으로 전직.

　　　맏아들 영조 출생.

1860. 한성부 남촌으로 이사.

　　　이조정랑에 임명.

1862. 신창현감에 임명.

1863. 충청감사 유장환의 무고로 벼슬을 버리고 낙향.

1864. 예조좌랑에 임명.

1865. 성균관 직강에 임명.

1866. 사헌부 지평에 임명.

　　　둘째아들 호길虎吉이 태어남.

1868. 아들 호길이 죽음.

　　　이항로의 부음을 듣고 양근 정산에서 장례 엄수.

　　　사헌부 장령에 임명.

　　　고종에게 '시폐時弊 4조'를 올림.

　　　사간 권종록의 탄핵을 받아 삭직당함.

　　　얼마 뒤 돈령부 도정에 제수됨.

1870. 승정원 동부승지에 임명.

　　　귀향해 심신을 닦겠다면서 사직의 상소를 올리자

　　　고종이 작은 말 한 필을 선물.

　　　아들 영학 출생.

1873. 우부승지, 동부승지 임명.

　　　막내 영복 출생.

　　　호조참판 특별제수.

　　　계유상소를 올림. 조정이 완전히 벌집 쑤셔 놓은 형국이 됨.

　　　제주도로 귀양 길 떠남(11월).

1875. 제주도 귀양 해제(3월).

1876. 오불가척화의소五不可斥和義疏(일명 도끼 상소)를 올림.

흑산도 유배령.

1879. 유배령이 풀려 귀가.

이후 10여 년 동안 두문불출, 농사일에 전념.

1894. 대원군이 공조판서에 제수, 조정에 나와 고종을

도와 달라고 부탁.

1895. 의복제도 회복 상소를 올리고 외국에 의존하려는 중신들을

역적이라고 성토.

1896. 선유대원에 두 차례 임명되나 거절하는 상소문 올림.

1898. 의정부 찬정에 임명, 거절하는 상소문 올림.

시무 12조항 상소.

1900. 호서의 정산(청양군 목면 송암리 장구동)으로 이사.

1902. 궁내부 특진관에 임명, 세 차례 거절하는 상소문 올림.

1904. 의정부 찬정에 임명. 고종이 밀지로 직접 부름.

국정에 관한 상소를 수십 차례 올림.

1905. 경기도 관찰사에 제수 받고 네 차례 거절하는 상소문 올림.

현금 3만 냥과 백미 석 섬이 하사되었으나 국고에 반납.

일본군 사령관 하세가와 요시미치에게 체포,

일본 사령부에 구치(2월 6일).

일본군 사령관 고야마 미키에게 체포,

일본 사령부에 구치(2월 18일).

1906. 가묘를 사직하고 논산, 노성, 궐리사에서 의병 참여 독려 연설.

'창의토적소倡義討賊疏'를 올리고, 8도에 포고문을 돌림.

전북 태인에서 의병 봉기, 의병 총수가 됨.

전투에서 패배, 의병은 해산되고 체포됨(6월 23일).

일본 사령부에 구치됨.

일본의 대마도 위수령 경비대에 수감(7월 8일), 단식 항거.

유소 구술, 임병찬이 받아 씀.

인시에 순국(11월 17일).

유해 환국. 부산 철시.

온 국민의 호곡 속에 장례식 엄수.

1907. 충남 논산 노성 월오동면 지경리 무동산에 안장(4월 1일).

1909. 일제의 강압에 의해 충남 예산군 대흥면 봉수산
(현 예산군 광시면 관음리)으로 이장(11월 14일).

1946. 환국한 임시정부 요인들, 김구 선생의 인솔로
추모제 봉행(4월 23일).

1953. 부산에서 환도한 국회의원 일동, 신익희 국회의장의 인솔로
환도고유제還都告由祭 봉행(3월 13일).

1962. 대한민국 건국 공로훈장 추서(3월 1일).